단 8일간의 기록은
시공간을 뛰어넘어 영원히 기억될
'조선의 얼굴'이 된다.

〈반차도〉로 따라가는
정조의 화성행차

Following King Jeongjo's Royal Procession
to Hwaseong through the <Banchado>

한영우

정조의 여러 호(號) 중 하나인 '홍재(弘齋)'가 새겨진 인장.

⁂ 일러두기

1) 이 책은 2007년 초판 발행 후, 2013년 3쇄를 끝으로 절판되었다.
   그러나 최근 관한 지속적인 관심이 일고, 우리 역사의 가장 찬란한
   장면을 담아낸 〈반차도〉에 대한 관심이 높아지면서 다시금
   대중에게 쉽게 읽히는 해설서 성격의 이 책의 복간을 결정했다.

2) 한글만으로 그 의미가 분명하게 드러나지 않는 경우, 한자를 병기하였다.

3) 단행본은 《》, 내용 설명과 한자 병기는 ( ), 작품은 〈〉,
   독음이 다른 한자를 병기할 경우에는 〔〕를 사용하였다.

정조의 화성행차

〈반차도〉로 따라가는

한영우

효형출판

차례

들어가며 ─ 6

정조, 조선 왕조의 르네상스를 이끌다
정조는 어떤 군주를 꿈꾸었는가 ─ 12
정조에게 화성은 무엇이었나 ─ 22
정조는 왜 화성을 자주 방문했는가 ─ 29

〈반차도〉
화려하고 장엄한 화성행차의 기록, 〈반차도〉 ─ 34

단 8일을 위한 1년간의 준비
사치하거나 낭비하는 자, 엄히 다스릴지니 ─ 102
새 길을 열고 다리를 놓다 ─ 105
철저한 준비 끝에 출발 전야를 맞다 ─ 112

화성행차, 그 8일간의 기록

첫째 날(윤2월 9일) — 116

둘째 날(윤2월 10일) — 124

셋째 날(윤2월 11일) — 130

넷째 날(윤2월 12일) — 135

다섯째 날(윤2월 13일) — 139

여섯째 날(윤2월 14일) — 144

일곱째 날(윤2월 15일) — 154

여덟째 날(윤2월 16일) — 158

나오며 — 166

추천의 글 — 168

들어가며

조선시대 연구자에게 가장 매력 있는 군주 두 사람을 들라고 하면 아마 세종(世宗, 재위 1418~1450)과 정조(正祖, 재위 1776~1800)일 것이다. 세종은 15세기 왕조 문화와 국력을 절정으로 끌어올린 영주이고, 정조는 18세기 왕조 중흥의 영주이기 때문이다. 세종이 앞에서 끌어주고, 정조가 뒤에서 밀어 왕조의 수명이 519년간 지속되었다 해도 지나친 말이 아니다. 그런데 세상 사람들에게 세종은 매우 친근한 반면, 정조는 그에 비해 조금 낯설다. 이는 한글을 창제한 세종의 위업이 너무나 크기 때문이리라. 하지만 한글 창제의 업적을 제쳐두고 생각한다면 정조는 결코 세종에 뒤지는 군주가 아니다.

세종과 정조는 공통점이 많다. '집현전(集賢殿)'과 '규장각(奎章閣)'이라는 학술 기관을 각각 만들어 인재를 양성하고, 학문을 진흥시켜 현란한 문치(文治)의 꽃을 피웠다는 점이 서로 같다. 또한 사람을 다치게 하지 않는 뛰어난 문화 정책으로 정치적 안정을 가져왔을 뿐 아니라 경제·국방으로도 부국강병을 달성하여 국제적 위상을 드높였다는 것도 닮은 꼴이다. 대체로 문치 시대에는 문약(文弱)에 빠지는 폐단이 있지만, 세종과 정조는 정신 문화와 물질 문화에서 다 같이 혁혁한 업적을 쌓은 것이 다른 군주들과 다르다. 그래서 이 두

시대를 우리 역사의 르네상스라고 불러도 좋다.

그러나 무엇보다도 우리가 주목해야 할 것은 두 군주의 애민(愛民), 즉 백성을 사랑하는 마음이다. 비록 정치 형태는 오늘의 민주주의와 다른 점이 있지만 민주적 정치 문화를 진작시켰다는 점에서 두 임금은 모두 귀감이 될 만하다. 특히 정조는 세종보다 350여 년 뒤에 태어난 까닭에 그간의 사회 진보를 반영하여 백성에게 한층 더 가깝게 다가선 임금이다. 경제력이나 과학 기술의 측면도 정조 때가 한층 앞서 있다. 이는 두 지도자의 차이라기보다는 배경 시대의 차이다. 그래서 오늘의 기준에서 바라본다면 정조 시대가 세종 시대보다도 한층 현대적인 모습을 지닌다고 할 수 있다.

세종의 애민 정신이 위대한 국문자를 만들어냈다면 정조의 애민 정신은 철저한 기록 문화를 남겼다는 점도 서로 비교된다. 왕조 정치의 가장 중요한 특징이 기록 정치에 있다고 할 수 있는데 정조 시대는 그야말로 기록 문화의 백미(白眉)라고 할 수 있다.

원래 기록은 정치의 투명성과 책임성을 보증하는 수단이다. 그래서 통치 행위가 정당치 못한 통치자일수록 기록을 두려워하고 멀리한다. 이를 뒤집어 말하면 기록을 철저히 남긴다는 것은 그만큼 정치가 정당하고 자신이 있다는 뜻이다.

정조 시대의 기록 문화가 어느 정도인가 물어올 때 나는 그저 '무섭다'라고 답한다. 특히 이 시대의 의궤(儀軌)는 기록 문화의 꽃이라고 할 만하다. 그중 화성(華城)이라는 신도시를 건설하고 만든 공사 보고서《화성성역의궤(華城城役儀軌)》와 1795년(정조 19)에 어머니 혜경궁과 아버지 사도세자의 회갑을 맞이하여 화성과 현륭원에 다녀와 만든 8일간의 행차 보고서《원행을묘정리의궤(園幸乙卯整理儀軌)》는 '무섭다'라는 감탄사밖에는 표현할 길이 없다. 이 두 의궤는 정조의 통치 방향과 그 수준을 한눈에 보여준다. 나는 이렇게 철저하고 상세한 국정 보고서를 여태껏 본 일이 없다.

특히 놀라운 일은 행사에 참여한 사람의 명단을 신분 고하를 막론하고 기록하고, 행사에 들어간 비용을 일일이 무슨 물품이 몇 개요, 그 단가가 몇 전이라고 명기하고, 행사에 참여한 미천한 신분의 노동자와 기술자의 이름과 주소, 복무 일수, 실제 한 일, 품값 등을 이 잡듯이 적어둔 것이다. 행차 보고서에는 심지어 매일 아침, 저녁 그리고 간식으로 든 음식의 종류와 그릇의 수, 식재료의 종류와 양, 그리고 비용을 그릇 별로 기록해 놓았다. 모든 국정(國政)이 철저한 실명제로 운영되었다는 증거다.

《의궤》의 독특한 특징은 문자 기록에만 그치지 않는다. 화원(畵員)을 시켜 주요 행사 도구와 행사의 장면을 그리게 해 문자 기록과 시각 자료를 합쳐놓았다. 그러니 왕조 시대의 생활사를 이해하는 데 이보다 더 좋은 연구 자료는 없다.

나는 1998년 《정조의 화성행차 그 8일》이라는 책을 펴냈는데 이는 앞에서 소개한 《화성성역의궤》와 《원행을묘정리의궤》를 요약·정리해 누구나 쉽게 읽을 수 있도록 풀어쓴 것이다. 이 책이 나오자 정조와 화성에 대한 일반인의 관심이 크게 높아졌을 뿐 아니라 특히 화성행차를 그린 〈반차도(班次圖)〉는 단원(檀園) 김홍도(金弘道, 1745~?)를 비롯한 당대 일류 화원의 뛰어난 그림 솜씨를 보여주고, 나아가 행차의 장엄한 현장을 사실적으로 표현하고 있어 그 인기가 대단했다. 서울 청계천에 〈반차도〉가 188미터에 이르는 방대한 도자 벽화로 재현되어 청계천 명물의 하나로 사랑받는 이유도 여기에 있다. 게다가 서울시와 수원시에서는 〈반차도〉를 바탕으로 실제 화성행차를 재현하는 행사도 열고 있다.

1800여 명이 등장하는 웅장한 〈반차도〉에는 왕조의 위엄과 질서와 자신감이 넘쳐흐르면서 동시에 김홍도 화풍(畫風) 특유의 낙천적이고 익살스러운 얼굴들이 보인다. 그 당당하면서도 여유만만한 얼굴이 바로 우리 모습 아닌가. 정조의 행차를 따라가면 많은 점을 느낄 수 있다. 크게는 왕조를 중흥시킨 비범한 정치 경륜을 읽을 수 있고, 작게는 어버이에 대한 정조의 지극한 효성에 눈시울을 적실지도 모른다.

이렇듯 18세기 우리의 뛰어난 문화를 고스란히 보여주

는 〈반차도〉를 한층 고급스러운 문화 상품으로 만들기 위해 한글과 영문 해설을 붙여 2000년에《정조대왕 화성행행반차도》를 제작했다. 이 책은 특히 외국 고객을 상대하는 기업에서 우리 문화를 품격 있게 전하는 선물로 환영받고 있는데 수제품인 까닭에 대량생산이 어렵고 가격도 헐하지 않다.

    그래서 독자들이 더 쉽게 〈반차도〉에 접근할 수 있는 가이드북이 필요하다는 생각에 제작한 것이 바로 이 책이다. 전통 문화를 일반인과 외국 관광객을 위해 당당하게 내보일 만한 문화 상품이 부족하다는 점이 늘 안타까웠는데 이 조그만 책자가 수원과 서울에서 벌어지는 화성행차의 실연과 더불어 전통문화에 대한 이해와 자긍심을 높이는 데 도움이 되기를 바란다.

한영우

정조,
조선 왕조의 르네상스를 이끌다

어잠 사권화(御潛 絲圈花)

조화(造花)의 하나. 홍록색의 가는 베로 꽃과 잎을 만들어 은실과 동실로 연결하며 꽃잎을 만든다.

정조는 어떤 군주를 꿈꾸었는가

왕을 왕이게 하리라 – 왕권 강화와 민국 사상

1776년 미국이 독립선언을 하고 신생 국가로 탄생해 가던 그 해 3월, 우리나라에서는 정조가 22대 임금으로 즉위했다. 이 때 임금의 나이 25세요, 미국이 독립하기 4개월 전이다. 유럽에서는 영국의 애덤 스미스(Adam Smith, 1723~1790)가 《국부론》을 저술하고, 중국에서는 고종 건륭제(乾隆帝, 1735~1795)의 통치가 42년째에 접어들면서 청 문화가 융성기를 맞고 있었다. 정조 24년간의 치세는 왕조 문화의 절정기인 동시에 우리 한국 문화의 정점이었다. 전 세계적으로 꽃피운 18세기 문명의 화려한 불꽃이 한반도에서도 피어올랐다.

정조는 조선왕조 역사상 최장기 집권(52년)의 기록을 세운 할아버지 영조(英祖, 재위 1724~1776)의 사랑과 보호를 받고 자라면서 군왕으로서의 교육과 훈련을 받았다. 그것은 행운이었다. 그러나 그 뒤에는 씻기 어려운 한이 맺혀 있었다. 영조의 후계자로 지명되었던 아버지 사도세자(思悼世子, 1735~1762)가 노론 벽파와의 갈등 속에서 뒤주에 갇혀 8일 만에 죽는 비참한 최후를 맞았기 때문이다. 이때 사도세자의 나이는 스물여덟이었고, 정조의 나이 열한 살이었다. 아버지의 비극 때문에 정조의 영광이 가능했다 할 수 있지만, 그 뒤에는 항상 아버지를 향한 연민과 함께 죄인의 자식이라는 불명예스러운 꼬리표가 달려 있었다. 정조는 그것을 씻지 않고는 군왕으로서의 당당한 면모를 과시하기 어려웠다. 그러니 개인적으로는 아버지의 한을 풀면서 할아버지가 추진해 온 탕평정책(蕩平政策)과 왕조 중흥의 사업을 마무리하는 것이 바로 정조가 짊어진 과제였다.

신하를 능가하는 학문적 기초를 다진 정조는 무예와 문예 그리고 과학 기술에도 관심과 조예가 깊었고, 주희 성리학(性理學)은 물론이요, 남인 실학(實學)과 노론 북학(北學) 그리고 불교 등 당시의 온갖 사상과 지혜를 수렴하면서 강력한 정치적 지도력을 구축해 갔다. 정치의 탕평과 사상의 탕평이 병행된 것이다.

정조는 스스로를 '군사(君師)'로 자처하기도 하고, '만천명월주인옹(萬川明月主人翁)'이라고 자임했다. '군사'란 임금인 동시에 선생이라는 뜻이며 '만천명월주인옹'이라는 것은 '수많은 강을 비추는 달과 같은 임금'이라는 뜻이다. 여기에는 신하에게 교육받는 임금이 아니라 신하를 가르치는 임금이 되겠다는 의지가 담겨 있다.

정조가 초월적 군주상(君主像)을 업고 마무리하려는 왕

조 중홍은 첫째, 아버지의 비극을 빚어낸 붕당정치의 폐단을 극복하여 강력한 왕권을 세우고, 둘째, 재야의 선비〔士〕와 백성〔民〕을 적극 포용하여 지방 사회의 동요를 막고 사회 통합을 강화함으로써 백성을 중심으로 한 사민국가(士民國家)를 확립하겠다는 것이며, 셋째, 과학 기술과 상공업, 그리고 경쟁적인 시장 경제가 발전하던 새로운 시대의 흐름을 반영하여 농업과 상공업이 함께 발전하는 전향적인 경제 질서를 구축하는 일이었다. 말하자면 근대를 향한 전진이다.

양반 사회의 학문 수준과 일반 백성의 민도가 높아진 시기의 정치 지도력은 물리적 통제로만은 확립되기 어렵다. 그야말로 세련된 문치가 병행하지 않으면 안 된다. 정조는 바로 그 점을 정확하게 이해했다. 그래서 세손 시절부터 《일성록(日省錄)》이라는 일기를 매일 기록하고 《일득록(日得錄)》을 편찬케 하여 자신의 일과와 언행을 낱낱이 기록하게 했다. 또 자신의 글을 모아 《홍재전서(弘齋全書)》라는 방대한 문집을 발간한 것도 앞선 군주와의 차별성을 보여준다.

정조의 왕권 강화 정책은 여러 각도로 추진되었다. 즉위 직후 창덕궁 안에 규장각(奎章閣)이라는 새로운 문한기구(文翰機構)를 설치하여 종전의 문한 기능과 비서실의 기능을 통합함으로써 강력한 친위 문신 세력을 양성하고 이를 개혁 정치의 선도적 중심 기구로 활용했다. 재위 5년 이후에는 37세

〈규장각도〉, 김홍도, 1776년경, 비단에 채색, 144.4×115.6cm. 국립중앙박물관 소장

가운데 2층 누각이 주합루(宙合樓)로서 임금이 쓴 글을 보관하던 곳이다. 2층에 주합루, 아래층에 규장각이라는 현판을 걸었다. 주합루 왼편 건물은 책을 말리던 서향각(書香閣), 오른편 앞쪽 건물은 과거를 치르던 영화당(暎花堂)이며, 왼편 아래에 부용지(芙蓉池)와 부용정(芙蓉亭)이 보인다.

이하의 젊은 문신 중에서 재주 있는 신하를 의정부에서 추천하여 규장각에 위탁·교육시키는 초계문신(抄啓文臣) 제도로 기성 관료들을 재교육시켰다. 정조는 주기적으로 규장각에 나아가 직접 이들을 가르치고 글을 지어 바치게 함으로써 자신의 정책 노선을 따르는 친위 세력을 양성했는데 정조가 죽을 때까지 초계문신으로 뽑힌 사람은 모두 138명이나 되었다. 또 재위 6년 이후로는 각 도의 인재를 현지에서 발탁하는 별시문과(別試文科)를 자주 시행해 정치권의 대폭적인 물갈이를 시도했다.

아버지의 명예를 회복시키는 것도 정조의 왕권 강화를 위해 매우 긴요한 일이었다. 그것은 아버지를 핍박한 정치 세력을 간접적으로 응징하는 의미이기 때문이다. 왕은 즉위 직후 사도세자를 장헌세자(莊獻世子)로 추존하고, 세자의 사당(祠堂)인 수은묘(垂恩廟, 지금의 서울대학교 의과대학 구내)를 경모궁(景慕宮)으로, 양주 배봉산(拜峰山, 지금의 서울시립대학교 구내)에 있는 아버지 묘소(墓所)를 영우원(永祐園)으로 각각 승격시켰다.

왕권을 강화하기 위해서는 병권 장악도 필수적이었다. 정조는 재위 9년 이후로 군대 개혁에 착수해 '장용영(壯勇營)'이라는 친위 부대를 창설했다. 문신 장악으로 시작된 정조의 왕권 강화 정책이 군대 장악으로 완결을 본 것이다.

새 시대의 흐름에 앞장서다 – 정조의 이용후생 정신

경제 정책과 문화 정책에서도 정조의 개혁 정신은 크게 발현되었다. 18세기 조선은 상공업의 발달로 이미 농업 일변도의 국가 운영의 시대는 지나간 시기였다. '도고(都賈)'로 불리는 거대 상인들이 국가 경제의 고삐를 잡고 있었고, 대외 무역도 활발했다. 서울은 대외 무역의 중심지일 뿐 아니라 한강을 끼고 장사하는 이른바 경강상업(京江商業)의 발달로 상업 도시화가 빨라졌다. 또한 지방 인구의 유입으로 성 밖 곳곳에 신촌(新村)이 늘어남에 따라 행정구역이 넓어지고, 서울과 지방을 잇는 도로망도 확충되었다. 한강 강가에 위치한 백리권(百理圈) 지역도 도시화가 촉진되면서 점차 하나의 생활문화권으로 통합되어 갔다. 광역 수도권이 형성된 것이다.

화폐 경제의 발달에 따라 종래 강제적인 부역 노동으로 이루어지던 각종 토목 공사가 인부를 고용하여 정당한 임금을 지급하는 고임제도(雇賃制度)로 바뀐 점도 주목할 만한 변화다. 백성들이 이제는 더 이상 대가 없는 노동력을 국가에 바치려 하지 않으면서 국가 경영 방식도 자연히 강제성에서 벗어나 시장 경제의 원칙을 수용하면서 유연하게 대처해 나갔던 것이다.

이렇듯 경제가 성장하면서 새로운 상업 문화도 등장했다. 새로운 변화의 물결을 타고 서울의 젊은 선비들은 중국에

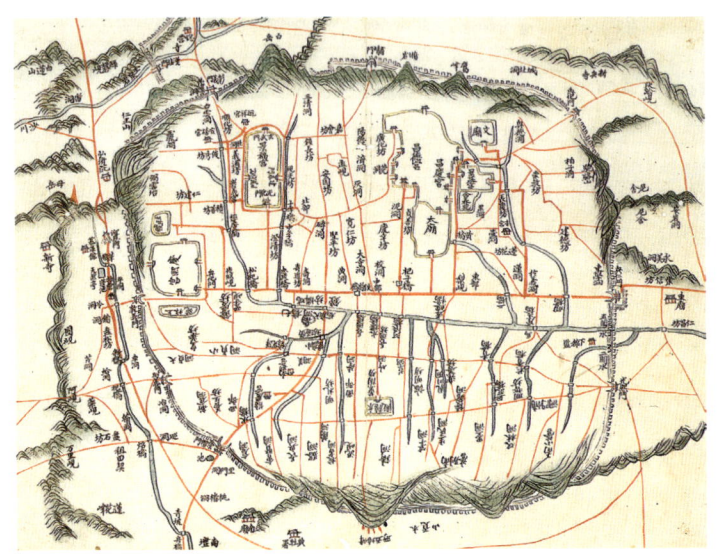

《동여도(東輿圖)》 중 〈도성도(都城圖)〉, 김정호, 채색 필사본, 30.5×39.7cm, 1860년대, 서울대 규장각 소장
19세기 중엽 서울의 성곽과 도로망, 지명 등이 사실적으로 표현되어 있다. 지금의 북악(北岳)이 백악(白岳), 인왕산(仁旺山)이 인왕산(仁王山), 남산이 목멱산(木覓山)으로 되어 있는 점도 눈여겨볼 만하다.

서 사들여온 사치품으로 집 안을 장식하고, 중국의 대중 소설인 이른바 패관 소설류를 취미로 읽었다.

  이러한 상업 문화는 '경제 성장'이라는 빛과 아울러 빈부 격차의 심화와 천박한 대중문화의 범람이라는 그늘을 함께 던져주었다. 사치의 범람과 풍속의 패퇴가 심각한 고민거리로 등장했고, 서울 상업 문화의 부정적인 영향에 가장 예민했던 농촌 지역에서는 진보적인 실학 운동이 일어났다.

정조는 이러한 시대 흐름을 예리하게 포착하고 있었다. 그래서 상공업 발달의 긍정적인 측면을 과감하게 수용해 종전에 서울 시전상인(市廛商人)들에게 부여했던 난전금지권(亂廛禁止權), 즉 금난전권(禁亂廛權)을 혁파했다. 이것이 1791년(정조 15)의 신해통공(辛亥通共) 정책이다. 이는 난전으로 불리던 사상(私商)의 활동을 보장하는 획기적 조치로 요즘 말로 하면 독점 상업 체제로부터 경쟁적인 시장 경제로 경제 정책의 축을 바꾼 것을 의미한다. 그리고 장인들의 품값을 반나절까지 계산해 주는 철저한 고임 제도를 도입했다.

그러나 상업 문화의 부정적인 측면에 대해서는 이를 철저히 배제하는 정책을 폈다. 정조 16년(1792)에 벌인 이른바 문체반정(文體反正) 정책도 그 하나다. 이는 중국의 패관 소설류와 사치품을 선호하고 중국 대중문화에 오염된 일부 서울 선비들의 사대주의적 작태와 사치 풍조를 바로잡기 위한 조치였다. 정조가 주자 성리학을 정학(正學)으로 정립하려는 이유도 청나라 대중문화에 대한 대안 제시가 필요했기 때문이었다. 주자 성리학을 강조해 문화적 반청 운동의 구심체로서 도덕성이 높은 성리학의 정통성을 세우려 했던 것이다.

그렇다고 성리학만을 유일한 교학으로 고집하지는 않았다. 정조는 중국에서 들어오는 고급 문화, 이를테면 과학과 기술 그리고 고급 학문은 즉각적으로 수용했다. 즉위 직후 5022권에 달하는 《고금도서집성(古今圖書集成)》을 사온 것이 그 예다. 이 책은 청나라 성조(聖祖) 강희제(康熙帝, 1662~1722) 때 고금의 도서를 집대성하여 편찬한 것으로 서양 학문에 관한 서적도 들어 있다.

《고금도서집성》이 조선 학계에 미친 영향은 매우 컸다. 특히 화성의 성곽 건설에 투입된 거중기(擧重器) 등의 건축 공구들이 《고금도서집성》에 들어 있는 등 옥함(鄧玉函)의 《기기도설(奇器圖說)》의 영향을 받았다는 사실은 잘 알려져 있다.

여기에다 정조는 청나라 시대에 발달한 고증학(考證學)을 수용하여 학문의 전문성을 높였다. 그리고 북학자들이 주장하는 이용후생(利用厚生)의 중요성도 십분 이해하여 누누이 강조했다. 또 정치적으로는 주자 성리학을 통해 도덕성을 높이고 남인 실학을 수용하여 왕권을 안정시키면서 경제와 군사 면에서는 새로운 기술과 경영 방식을 도입하는 이용후생의 정책을 폈던 것이다. 이처럼 정조는 국가 통치의 기본 방향을 부강하고 근대화된 나라를 만드는 데 두었다. 이러한 정조의 통치 스타일에는 대기업을 이끌어가는 유능한 기업 총수 같은 면모가 번뜩인다. 그는 시대가 바뀌고, 정치가 바뀐 시대의 탁월한 군주였다.

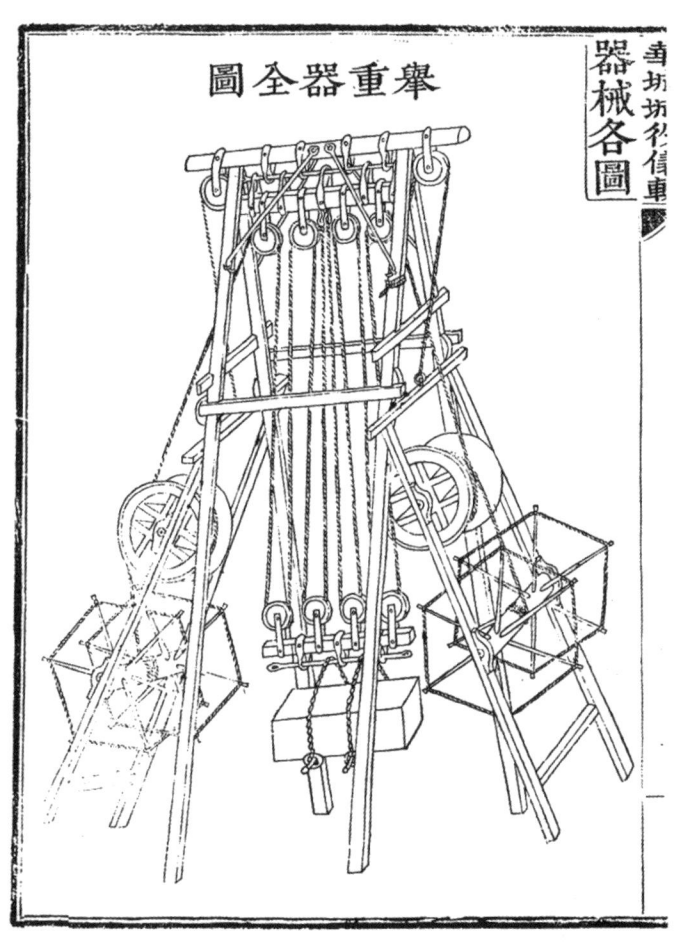

《화성성역의궤》 중 〈거중기 전도(擧重器全圖)〉, 1790년대, 서울대 규장각 소장

《화성성역의궤》에는 이외에도 공사에 필요한 장비, 기구, 석조 구조물의 일부, 기둥 윗부분의 공포(栱包)를 이루는 부재들의 모양새 등이 다양하게 소개되어 있다. 이러한 건축 공구들은 정조가 즉위 직후 들여온 《고금도서집성》의 영향받았다.

정조에게 화성은 무엇이었나

왕의 기상과 포부가 천하를 호령하니

정조의 개혁 정치는 재위 20년을 맞이할 무렵부터 새로운 전환점에 이르렀다. 왕의 나이도 이미 40대 중반으로 접어들어 원숙함을 더해갔다. 친위 세력이 결집되고 자신감도 생겼으며 나라의 재정도 비교적 안정되었다. 드디어 왕은 온 신민(臣民)에게 자신의 초월적 성인군주상(聖人君主像)을 화려하게 펼쳐 보일 시기와 장소 그리고 기회를 찾았다. 그것이 바로 화성(華城)이라는 신도시 건설과 어머니의 회갑을 기념하는 장엄한 화성행차로 나타났다. 자신의 위상을 당당하게 과시함으로써, 그 여세를 몰아 아직도 서울에 잠복한 반대 세력을 마지막으로 제압한다는 기대효과도 계산되었을 것이다.

이밖에 신하의 반발을 우려해 겉으로는 내걸지 않았으나 정조는 순조가 15세가 되는 1804년을 기해 왕위를 물려주고 어머니를 모시고 은퇴하여 살 직할 도시를 갖고 싶어 했다. 배후 도시에 있으면서 상왕으로서 순조를 밀어주면 개혁의 동력은 엄청난 탄력을 받을 것이었다.

신도시 건설은 정조 18년(1794) 봄에 착수하여 2년 반뒤인 정조 20년(1796) 가을에 완료했지만, 그 준비는 정조 13년(1789)에 시작했다. 프랑스 대혁명이 시작되고, 조지 워싱턴(George Washington, 1732~1799)이 초대 미국 대통령으로 선출된 그해 7월, 왕은 아버지 무덤을 양주 배봉산에서 지금 수원 남쪽의 화산(花山)으로 옮기고, 묘소의 이름도 영우원(永祐園)에서 현륭원(顯隆園)으로 고쳤다. 왕실의 무궁한 융성을 기원하는 뜻이 담긴 것이다. 아버지 무덤의 이장은 단순히 그 자리가 명당이기 때문만이 아니었다. 무덤 북쪽의 팔달산(八達山) 아래에 왕의 모든 꿈이 담긴 이상향(理想鄕)을 건설한다는 웅장하고 원대한 계획이 있었다.

지금 수원시 중심에 자리 잡은 팔달산 일대는 풍수지리상으로는 '용(龍)이 날아오르고 봉황(鳳凰)이 춤을 춘다'는 명당으로 알려져 있으며 정치·경제·군사·문화적으로도 매우 중요한 곳이다. 충청·경상·전라도, 즉 삼남(三南)으로 통하는 육로 및 해상 교통의 요지일 뿐 아니라 군사적으로는 서울을 지키는 남방의 요충지였다.

정조의 화성 건설은 복합적인 목적을 띠고 있었다. 위에 말한 은퇴 도시 말고도 첫째, 군사적으로 이곳에 난공불락의 최신식 성곽(城廓)을 건설하여 서울을 호위하는 남방 요새를 구축하려 했다. 이는 서울의 외곽 방어 체제가 그동안 동·서·북으로 치우친 결함을 바로잡으려는 의미도 지닌다. 이미 왜

란 당시 서울 남쪽의 국방상 허점이 드러나 17세기 실학자 반계 유형원(柳馨遠)이 수원성 구축의 필요성을 제기한 바 있는데 정조는 바로 그 의견을 받아들인 것이다.

정조는 새로 건설될 예정인 화성에 재위 17년(1793) 친위 부대인 장용영 외영(外營)을 설치하여 5000명의 병마를 주둔시키고, 다시 재위 19~22년(1795~1798)에는 그 주변 다섯 읍, 즉 용인(龍仁), 안산(安山), 진위(振威), 시흥(始興), 과천(果川)의 군대 1만 3000여 명을 외영에 합속시켜 일종의 지역 방어 체제인 협수체제(協守體制)를 구축했다. 지방 도시에 서울과 비슷한 5위체제(五衛體制)를 구성한 사실은 국방상으로는 화성 일대가 기보〔畿輔, 왕조의 수도(首都)를 달리 이르는 말〕의 중진(重鎭)이 되었음을, 정치적으로는 정조의 군권 확보를 말해준다.

하지만 화성을 전략적 요새로 만드는 것이 정조의 유일한 목표는 아니었다. 화성에 인구를 모으고, 경제를 발전시켜 대도회(大都會)로 키우며, 행정상으로도 격상시켜 부수도(副首都)로서의 면모를 갖추게 하려는 목적도 함께 있었다. 그래서 정조 17년(1793) 수원부(水原府)를 유수부(留守府)로 승격시키고, 이름도 수원(水原)에서 화성(華城)으로 바꾸었다.

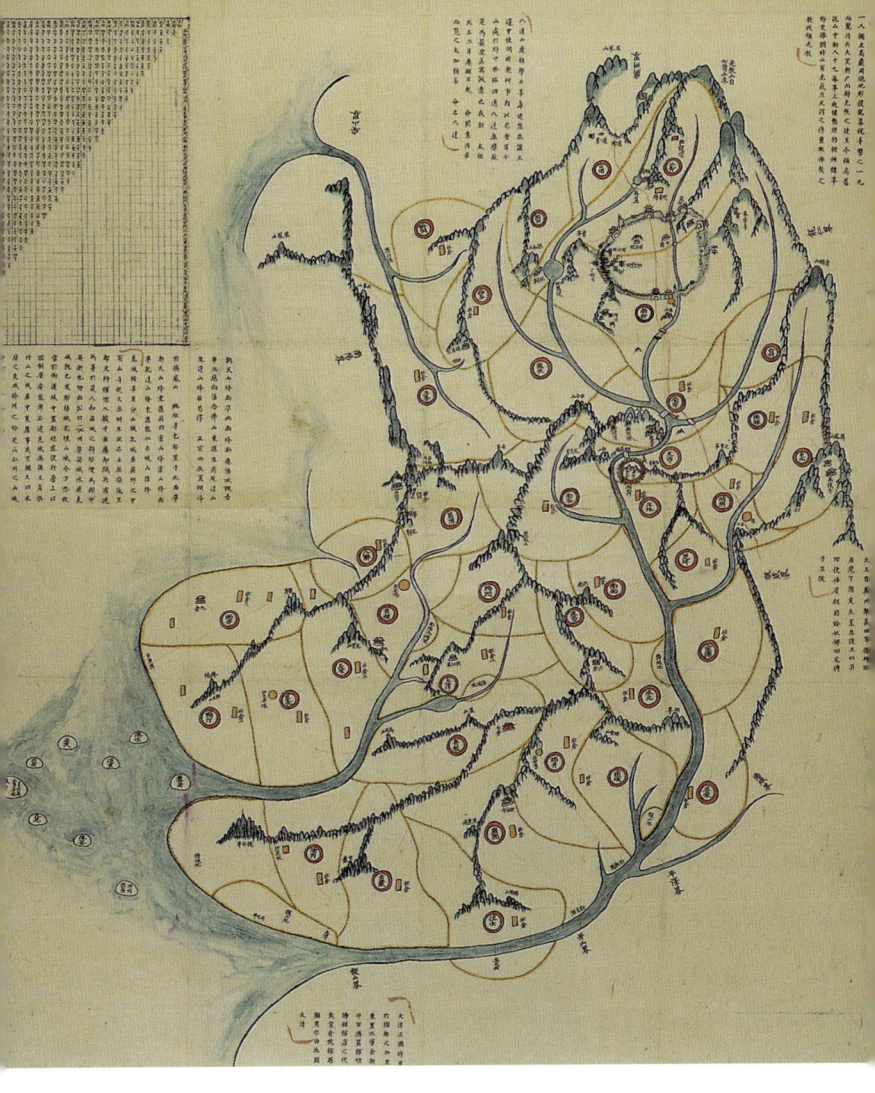

수원부 지도, 97.5×117.5cm, 1872년, 서울대 규장각 소장

지도의 윗부분에 둥글게 그려진 곳이 화성이다. 아래편에 현륭원과 건릉, 그 아래 독산성(禿山城)이 보인다.

집집마다 부유하고, 사람마다 화락하는 낙원도시

화성은 경제적으로 자급자족하는 정조의 직할 통치 지역이기도 했다. 그래서 화성을 탕목읍〔湯沐邑, 원래 주(周)나라 때 천자가 제후에게 목욕비를 충당하기 위해 내려준 직할지(直轄地)를 의미함〕이라고도 불렀다. 화성을 탕목읍으로 삼은 것은 국왕 직속의 직할지로 삼아 국가 재정의 도움을 받지 않는 자급자족 도시로 만들고, 독자적인 재원으로 현륭원 관리와 임금의 화성행차 및 화성 경영에 필요한 모든 비용을 충당하기 위해서였다. 정조의 꿈은 화성의 주민들이 '집집마다 부유하고, 사람마다 화락하는〔戶戶富實人人和樂〕' 낙원도시를 만드는 것이었다.

자급자족하는 낙원도시는 다른 말로 이용후생의 도시이기도 했다. 정조는 이를 위해 왕의 사유재산인 내탕금(內帑金)을 투자하고, 이를 이용하여 도시 주변에 모범적인 수리시설(水利施設)과 농장(둔전)을 건설했다. 화성 북쪽에 만석거(萬石渠)와 만안제(萬安堤), 서쪽에 축만제(祝萬堤), 남쪽에 만년제(萬年堤)가 그것이다. 이로써 화성은 우리나라 최고의 시범적인 농업 도시로 성장했다. 몇 년 전까지 수원에 서울대학교 농과대학이 있었던 것도 그 유래를 살피면 정조의 화성 건설에서 시작된 셈이다. 그 밖에도 화성의 주민에게는 요역(民役)과 각종 세금을 면제하고, 주변 지방의 상인이나 장인(匠

人)들에게도 여러 혜택을 주어 화성에 모여 살게 함으로써 이곳의 상공업 발전시켰다. 이로써 화성은 백성들이 살기 좋은 신흥 도시로 성장했다.

노동자의 이름 하나도 귀히 여긴 왕의 마음
정조는 민인을 사랑하는 마음에 있어 남다른 열정이 보였다. 화성 축성 보고서인《화성성역의궤》를 보면 왕이 공사에 참여한 공장(工匠)과 인부(人夫)들의 원망을 사지 않기 위해 반나절까지 계산하여 당대 최고의 품값을 지급하고 있음을 볼 수 있다. 거중기를 비롯한 최신식 공구들을 제작하여 공사에 투입한 것도 백성들의 수고를 덜기 위한 배려에서였다.

왕의 애민 정신은 공사 보고서인《화성성역의궤》를 편찬하면서 공사에 참여한 수천 노동자의 이름과 주소, 근무 일수, 품값을 일일이 기록한 데서도 찾을 수 있다. 공사 비용을 국가 재정에서 지출하지 않고 왕실의 내탕금으로 충당한 것도 백성의 세금을 축내지 않으려는 배려에서였다.

정조가 왜 화성을 건설했는가. 이 대답을 가장 확실하게 해주는 것은 '화성(華城)'이라는 이름 자체다. 이 이름은《장자(莊子)》〈천지편(天地編)〉에 나오는 '화인축성(華人祝聖)'의 고사에서 유래했다. 화(華)라는 지방에 봉해진 어떤 사람이 요(堯) 임금에게 수(壽)와 부(富) 그리고 다남(多男)을 기원하자 요임금은 "수(壽)는 욕됨이 많고, 부(富)는 일이 많으며, 다남(多男)은 걱정이 많아서 싫다. 이 세 가지는 덕(德)을 기르는 까닭이 아니다."라고 답했다.

말하자면 '화성'이라는 이름에서 정조는 백성의 입장에서는 왕실의 장수와 부귀와 번창을 기원하는 도시요, 왕의 입장에서는 요임금처럼 덕(德)을 펴는 도시라는 두 의미를 함축하려 한 것이다. 결국, 왕은 자신이 요임금 못지않은 성인(聖人)이라는 점을 신민(臣民)에게 보여주기 위해 화성을 건설했다고 볼 수 있다. 정조가 한성이 아닌 제3의 공간에서 자신의 성인상을 구축하려 한 데서 화성의 정체성은 더욱 극명하게 드러난다.

한성은 아버지를 비참하게 죽게 한 정치 현실이 복잡하게 얽혀 있는 곳이므로 새로운 정치 공간의 건설은 바로 정조가 구상하는 개혁 정치의 성공을 위한 불가피한 선택일 수밖에 없다. 새 술은 새 부대에 담자. 아마도 정조는 화성이라는 새 부대에 새로운 정치를 담으면서 장차 서울까지도 성인의 도시로 만들려는 원대한 꿈을 품었는지도 모른다. 화성에서 펼친 정조의 정치 드라마는 그래서 더욱 흥미롭다.

정조는 왜 화성을 자주 방문했는가

1789년에 아버지 묘소를 화산(花山)으로 이장한 후 정조는 해마다 1월 혹은 2월에 신하들을 거느리고 현륭원을 참배하기 위해 화성을 방문했다. 왕의 궁 밖 나들이를 '거둥(擧動)' 혹은 행행(幸行)이라 하는데 능(陵, 왕과 왕비의 무덤)에 가는 행행을 능행(陵幸), 원(園, 왕의 행궁(後宮)이나 세자의 무덤)에 가는 행행을 원행(園幸)이라고 한다. 정조의 현륭원 방문은 원행에 해당한다.

국왕이 능원에 참배하기 위해 궁 밖을 나가는 일은 모든 왕들의 관례로 특이하지 않다. 그런데 정조는 어느 임금보다도 궁 밖 나들이가 많은 임금이었다. 국왕의 능행이나 원행은 1년에 1회 혹은 2회가 보통이지만, 정조는 재위 24년간 66회 행행을 하여 1년 평균 약 3회를 기록했고 아버지 묘소 참배가 그 절반을 차지했다.

정조는 왜 이토록 행행을 많이 했을까. 물론 그것은 어버이에 대한 효심을 보여주기 위해서다. 하지만 왕이 행행 중에 한 일을 살펴보면 그 목적이 효심에만 있지 않다는 사실을 알 수 있다. 정조는 행행 중에 3355건의 상언(上言)이나 격쟁(擊錚)을 처리했다. 그러니까 한 번 행차 중에 평균 51건의 민원

(民怨)을 처리했다는 이야기다. 상언은 백성들이 임금을 직접 만나 억울한 일을 호소하는 것을, 격쟁은 행차 중에 징을 치고 나와서 왕에게 역시 억울한 일을 호소하는 것을 말한다. 글을 쓸 줄 아는 사람들은 상소(上疏)로 자신의 억울한 일을 임금에게 호소할 수 있지만, 글을 쓸 줄 모르는 무지한 백성은 직접 임금을 만나 말로 알릴 수밖에 없다. 이것이 바로 상언이나 격쟁이다. 상언과 격쟁은 조선 후기 왕들이 모두 허용했지만, 통계상으로 보면 정조가 가장 적극적이었다. 그만큼 그는 백성의 목소리를 직접 듣고 싶어 했다.

그런데 원행의 목적은 이것만이 아니었다. 여기에는 여러 가지 부수적인 효과가 뒤따랐다. 우선 대규모 인원이 이동하려면 자연히 길을 닦고 다리를 건설·보수하게 되니 치도(治道)의 효과가 있었다. 또한 많은 군사를 데리고 가면서 수도권의 방위 체제를 점검하고 군사를 훈련하는 기회로도 활용되었다.

이밖에도 왕은 현지에 가서 별시(別試)를 시행하여 지방 인재를 수시로 발탁하여 등용했으며, 행차 중에 혹은 행차를 마치고 돌아와 많은 신료와 군사에게 상을 내려주었다. 곧 왕의 궁 밖 나들이는 때로는 민폐를 끼치기도 했지만, 그에 못지 않게 지역 사회 발전과 지방민의 사기 진작에 적지 않은 효과를 가져다주었던 것이다.

정조의 궁 밖 나들이 중에서도 1795년(정조 19)의 현륭원 방문은 각별했다. 이해가 을묘년(乙卯年)이므로 흔히 '을묘원행(乙卯園幸)'이라 불리는 이 행차는 겉으로는 어머니 혜경궁(惠慶宮) 홍씨(洪氏)의 회갑을 경축하기 위한 나들이였다. 돌아가신 장조(莊祖, 장헌세자)의 구갑(舊甲)도 같은 해에 겹쳤으니 현륭원을 참배한 후 어머니 회갑을 화성에서 치르는 것은 명분이 서는 일이었다. 하지만 정조가 8일간의 화성행차에서 벌인 일련의 행사들은 단순한 회갑 잔치가 아님을 보여준다. 화성에서 잔치를 벌인 뒤 6월 18일에 정식 회갑 잔치를 서울의 창덕궁 연희당(延禧堂)에서 다시 치렀다는 사실도 화성 잔치의 정치성을 드러낸다. 그것은 작게는 어머니의 한을 풀어주는 효성의 표현이지만, 크게 보면 자신이 재위 20년간 쌓아 놓은 위업을 과시하고 내외 신민의 충성을 결집시켜 정치 개혁에 박차를 가하려는 거대한 정치적 시위이기도 했다.

화성을 무대로 아버지와 어머니, 그리고 자신을 따르는 모든 친위 세력을 하나로 묶어 세우는 거창한 정치 드라마, 정조는 바로 그것을 겨냥했다. 그러니 이 행사에 기울인 정조의 정성과 관심은 이만저만이 아니었다. 정조는 드디어 자신의 참 모습을 보여줄 수 있는 때와 장소와 기회를 맞이했다. 그리고 그 시위는 한양에 웅크린 구질서의 잔재를 청산하기 위한 혼신의 도전이기도 했다. 그러나 그 혼신의 도전적 드라마 속에는 왕조 문화를 절정으로 끌어올리는 한국판 르네상스가 꽃피고 있었다.

반차도 班次圖

삼층 대수파련(三層 大水波蓮)

대찬탁에 놓는 꽃으로, 밀랍으로 연꽃과 잎을 만들었다.

화려하고 장엄한 화성행차의 기록, 〈반차도〉

정조는 화성행차가 끝난 뒤 《원행을묘정리의궤》를 편찬하여 행사의 전모를 소상하게 기록하고 행렬도인 〈반차도〉를 비롯하여 행사의 주요 장면을 그림으로 그려놓았다. 흑백 판각화는 단원 김홍도의 지휘하에 김득신(金得臣, 1754~1822), 이인문(李寅文, 1745~1821), 장한종(張漢宗, 1768~1815), 이명규(李命奎, ? ~ ?) 등 당대 일류 화원들에 의해 제작되었다. 등장인물이 위풍당당하면서도 익살스럽게 묘사되어 18세기 풍속화의 전형을 보여줄 뿐 아니라 왕조 문화의 절정기에 오른 정조 시대의 자신감, 화려함, 자유분방함이 한꺼번에 넘쳐흐른다.

행렬에 참가한 인원 중에는 말을 탄 채 각종 악기를 연주하는 악대만도 115명에 달하여 하늘을 진동하는 악기 소리가 귓가에 들리는 듯하다. 도합 238명이 등장하는 각종 깃발 부대의 모습도 장관이요, 베일을 쓰고 말을 타고 가는 나인(內人)도 인상적이다. 마치 한편의 파노라마를 보는 듯하다. 수행하는 하급 군인은 모두 다 그리지 않고 곳곳에서 생략했다.

이 〈반차도〉는 《원행을묘정리의궤》에 들어 있는 흑백 판각화를 밑그림으로 하여 필자가 직접 채색했다. 서울대 규장각 소장 채색〈반차도〉두루마리(약 15미터)와 김학수 씨 소장의 채색〈반차도〉를 참고하여 색을 넣었다. 그러나 이 두 자료가 모두 보존 상태가 좋지 않고, 안료가 퇴색한 부분이 많아서 정확한 채색을 판단하는 데 어려운 점이 많았다. 또 천연 안료로 그려진 원래의 색깔을 오늘날 사용하는 물감으로 표현한 것도 불가피한 한계다. 원래 문화재는 복원이 불가능하다. 다만 원형에 가깝게 재창조하는 것만이 가능하다.

원래 긴 두루마리 형태로 되어있는데 여기서는 편의상 나누어 차례차례 편집하였다. 수행원의 직함 가운데 신원이 명백히 밝혀진 인물의 경우에는 그 이름을〈반차도〉내의 해당 부분과 그림 맨 아래쪽에 각각 한자와 한글로 표기하였다. 새로 만든〈반차도〉에는 원래의 그림에 들어 있지 않은 채제공(蔡濟恭, 총리대신), 홍낙성(洪樂性, 영의정, 외빈), 심환지(沈煥之, 병조판서), 윤행임(尹行恁, 정리당상) 등 행차에 참여했던 수십 명의 인명을 넣었다. 원래의 그림에는 수행원의 직함만이 적혀 있으나 그 직함에 해당하는 인물을《원행을묘정리의궤》에서 조사하여 넣었다.

Painting Depicting
King Jeongjo's visit to Hwaseong in 1795

King Jeongjo(r. 1776~1800), the 22nd monarch of the Joseon Dynasty, set out on an eight-days trip to Hwaseong (modern-day Suwon) with Lady Hyegyeong, his mother, in the spring of 1795 to celebrate her 61st birthday. This royal visit was paid in order both to celebrate Lady Hyegyeong's 61st birthday in Hwaseong, the model fortress city constructed under the monarch's order as an embodiment of Silhak, and to pay respect to Hyeon-ryung-won, the tomb of Crown Prince Jangheon, the monarch's father who had tragically died at the age of 28 due to political conflict.

This state festivity involved the participation of more than 6000 individuals including not only Lady Hyegyeong, the principal figure, but also her two daughters, civil and military officials such as Third State Councilor Chae Je-gong, and soldiers from the Five Army Garrisons(some 3000 of who belonged to the Royal Guards Garrison). The actual procession, however, was accompanied by 1779 individuals and 779 horses.

正祖大王華城陵幸班次圖

Painting Depicting King Jeongjo's visit to Hwaseong in 1795

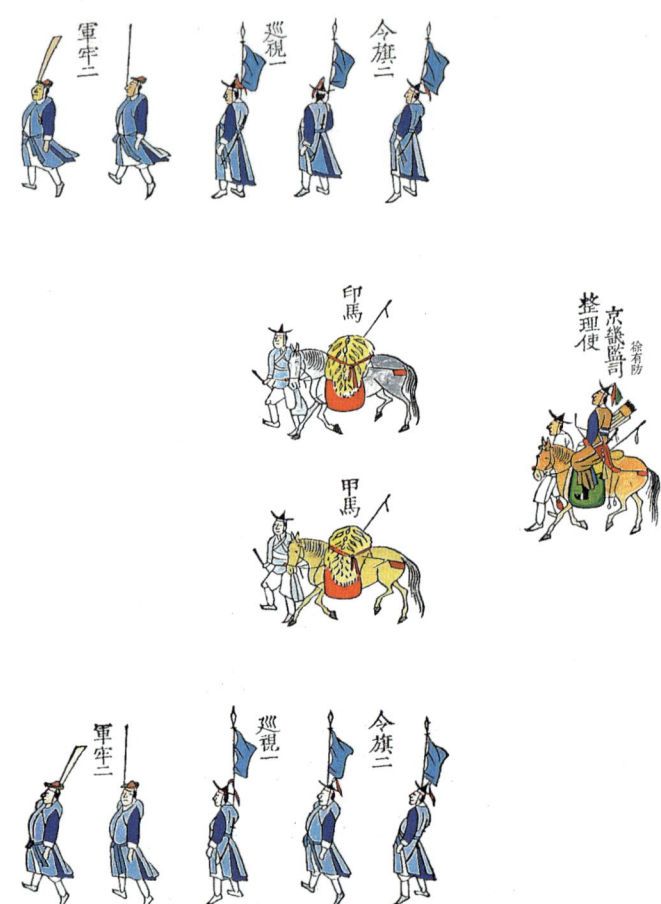

행차의 선두. 행차의 목적지가 경기도 화성이므로 경기감사(京畿監司)이자 정리사(整理使)인 서유방(徐有防)이 가장 선두에 서서 위풍당당하게 행렬을 인도하고 있다. 그 뒤를 이어 당시 정조의 신임을 가장 크게 받고 있던 정치적 실력자이며 이 행사를 총리한 우의정 채제공(蔡濟恭)이 서리(書吏)와 장교(將校), 녹사(錄事) 등의 호위를 받으며 근엄한 표정으로 행렬을 선도하고 있다.

Seo Yu-bang, the governor of Gyeonggi Province as well as a provisional overseer of the royal visit, heads the entire procession since Hwaseong, the destination, came within his jurisdiction. His dignified demeanor is noteworthy. Immediately following is none other than Third State Councilor Chae Je-gong, who, as King Jeongjo's most trusted and therefore the most powerful court official, orchestrated the entire royal visit. Escorted by petty clerks, officers, and recorders, Chae proceeds with a stern expression.

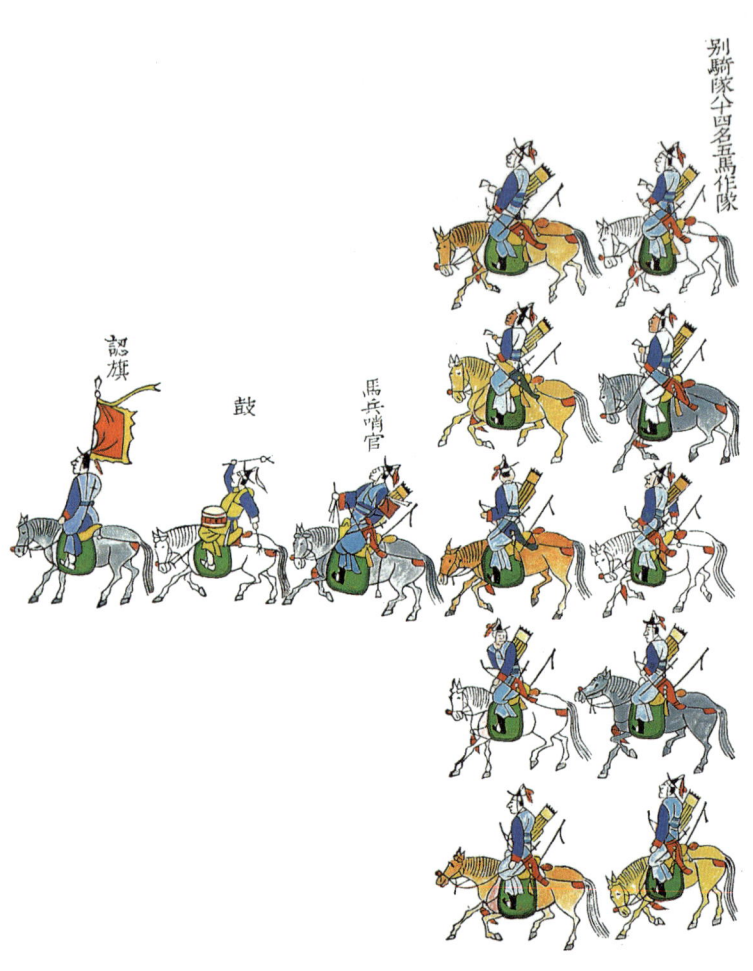

북을 두드리며 기세를 올리는 별기대(別騎隊) 84명이 신기(神旗), 영기(令旗), 인기(認旗) 등 각종 깃발을 펄럭이며 연도의 백성들에게 행차를 알리고 있다.

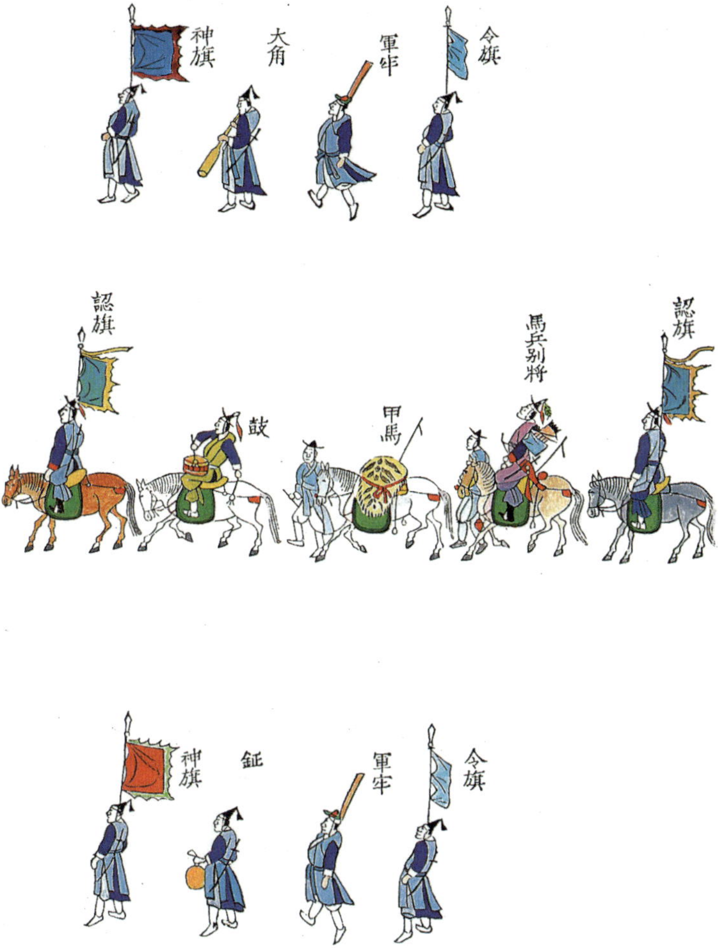

84 soldiers from the Special Cavalry Corps announce the approach of the royal procession to on-looking commoners by beating on drums and flying various military standards including the messenger, cavalry corps, and commandant standards.

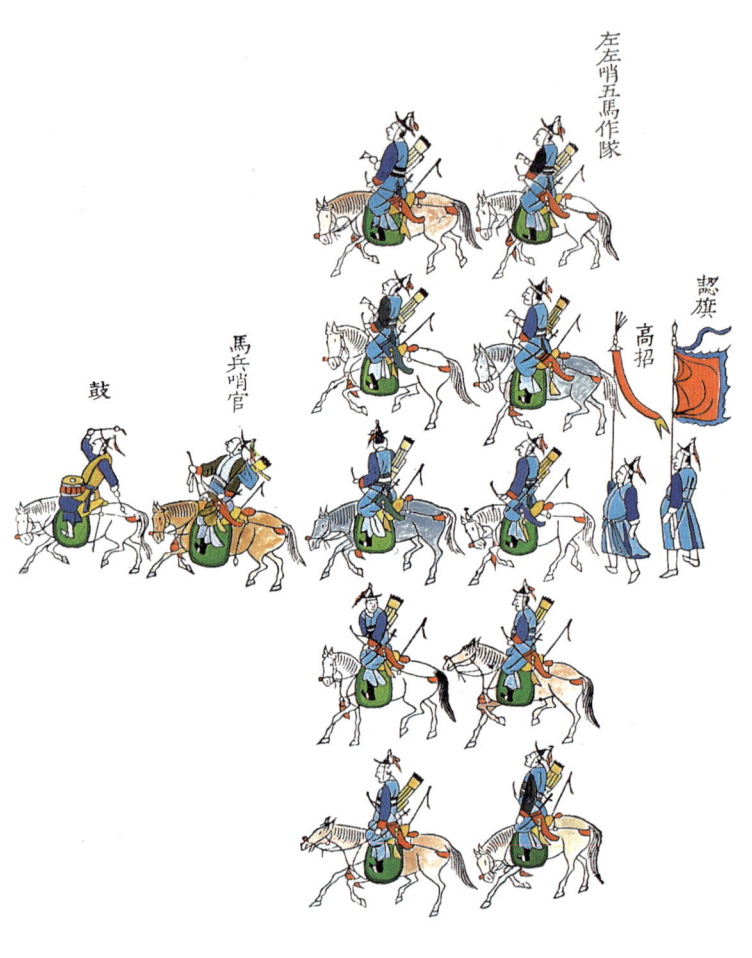

마병 초관(馬兵 哨官)과 보군 초관(步軍 哨官) 등이 북소리를 앞세우고 익살스러운 표정을 지으며 따라가고 있다. 초관은 척후(斥候)를 맡는다.

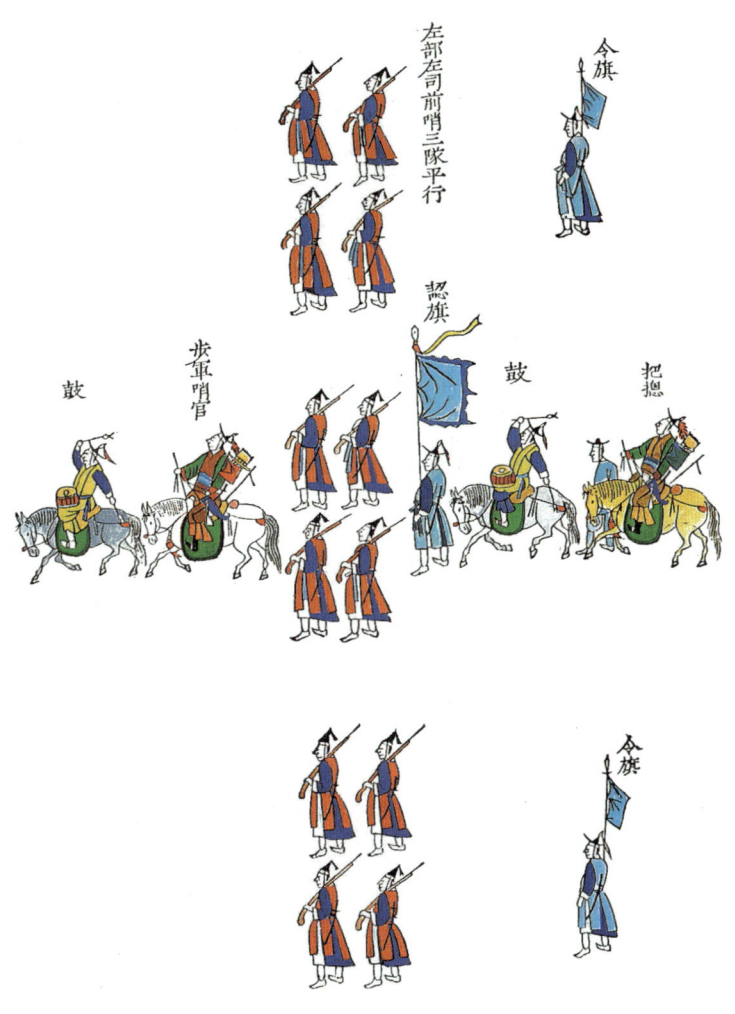

Marching to the drumbeat are cavalry sentry officers and infantry sentry officers, all of who were responsible for reconnaissance. Their comical expressions are worth noting.

북을 신나게 두드리는 기마병 뒤에 보병 초관(哨官)이 오만한 표정을 지으며 뒤따르고, 주작(朱雀), 현무(玄武), 백호(白虎), 청룡(靑龍) 등 형형색색의 깃발이 오와 열을 맞추어서 행진을 한다. 그다음에 징, 북, 피리 등 각양각색의 악대가 행차를 더욱 화려하게 장식하고 있다.

Another group of infantry sentry officers with haughty expressions marches behind cavalrymen who energetically beat on drums. Following in file is a host of colorful standards including the red peacock, black tortoise, white tiger, and blue dragon standards. Behind them, military bands composed of a variety of instruments including large gongs, drums, and cylindrical pipes add to the festive atmosphere.

훈련도감의 훈련대장 이경무(李敬懋)가 차지집사(次知執事)를 좌우로 대동하고, 순시병들의 호위를 받으며 늠름하게 나아가고 있다.

Yi Gyeong-mu, the commander of the Military Training Command, struts on with ritual officiators on either side and patrols surrounding him.

관인을 실은 인마(印馬)와 갑옷을 실은 갑마(甲馬)가 앞장서고, 금군별장(禁軍別將)이 위세를 뽐내며 금군 25명의 기병대 앞을 선도한다.

Headed by horses bearing official seals and armors, the extra commander of the Palace Garrison proudly leads his 25 cavalrymen.

통례 이주현(通禮 李周顯), 차비선전관 김명우(差備宣傳官 金明遇), 최정(崔珽) 등 인의(引儀) 4명이 어보를 실은 어보마(御寶馬) 뒤를 엄호하며, 얼굴을 가린 18명의 나인(궁녀)들이 열을 맞추어 뒤따르고 있다.
나인들은 혜경궁과 두 군주(두 딸)의 시중을 든다.

Four ritual officiators including Yi Ju-hyeon as well as report officers Kim Myeong-u and Choe Jeong escort the horse that bears the royal seal. Following them on horseback and in file are 18 court ladies with their faces covered. These ladies waited on Princess Hyegyeong and her two daughters.

혜경궁의 옷을 싣고 가는 자궁의롱마(慈宮衣籠馬)가 나아가면서 차지장교(次知將校)가 호위하고 있다.

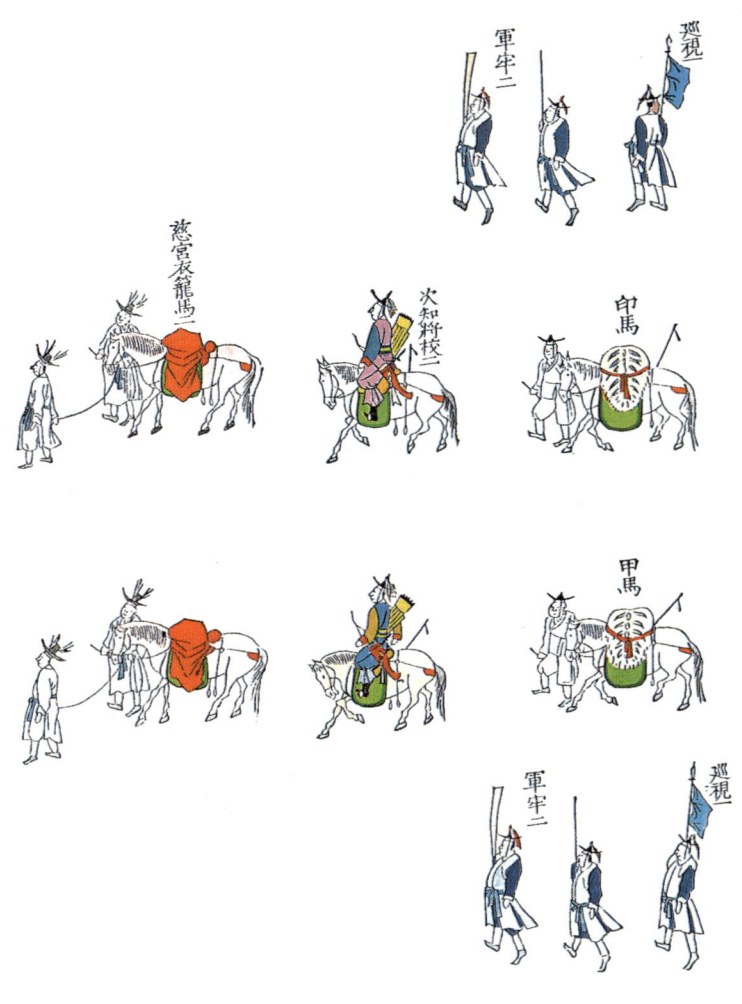

A palace officer escorts the horse that bears Princess Hyegyeong's wardrobe.

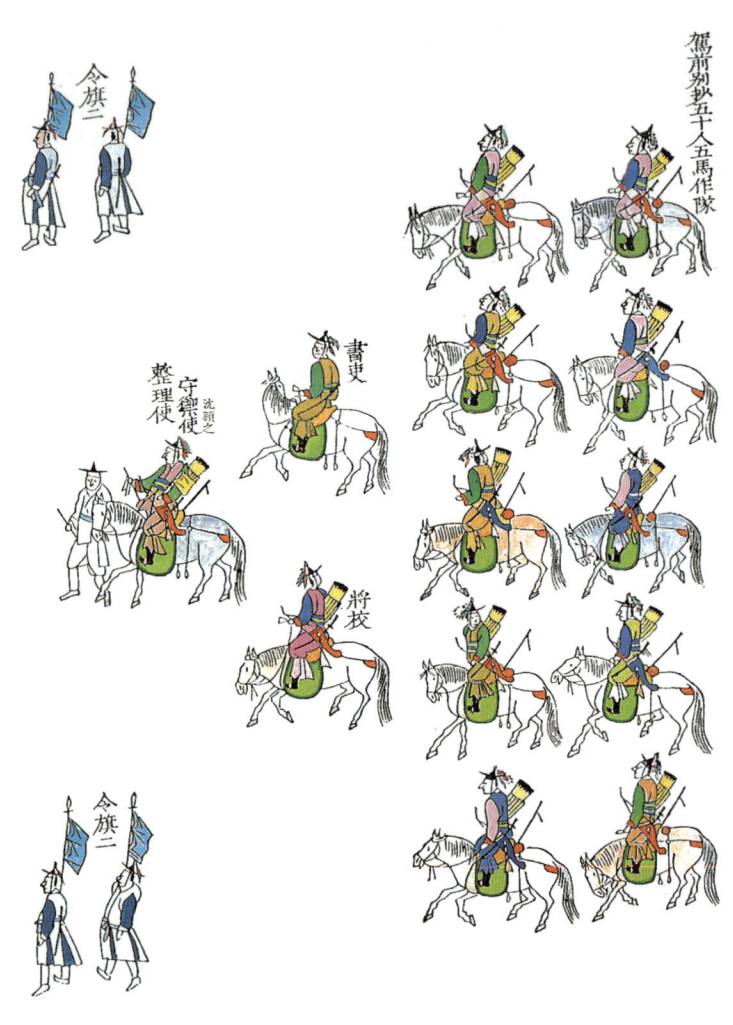

정리사(整理使)이며 수어사(守禦使)인 심이지(沈履之)가 서리, 장교를 대동하고 가전별초 50명의 기병을
선도하고 있다. 그 뒤를 주작기(朱雀旗), 벽봉기(碧鳳旗), 삼각기(三角旗), 백택기(白澤旗), 각단기(角端旗) 등
현란한 깃발들이 행렬의 가장자리를 수놓고 있다.

Sim I-ji, another provisional overseer of the royal visit and the commander of the Southern Army Corps, leads 50 extra cavalry sentries along with petty clerks and officers. Following them on either side of the procession is a host of colorful standards including the red peacock, green phoenix, unicorn, and triangular horse standards.

드디어 정조가 타기로 되어있는 어가(御駕)가 나타난다. 가마는 말이 끌고 간다. 그러나 실제 정조는 이 가마에 타지 않았다. 어가 뒤에 왕을 상징하는 엄청난 크기의 용기(龍旗)를 5명의 병졸들이 들고 뒤따르고 있다.

Finally making its appearance is the palanquin that, pulled by horses, was supposed to carry King Jeongjo himself. In actuality, however, the monarch did not ride in it. Right behind the palanquin are five soldiers carrying an enormous dragon standard, which symbolized the king.

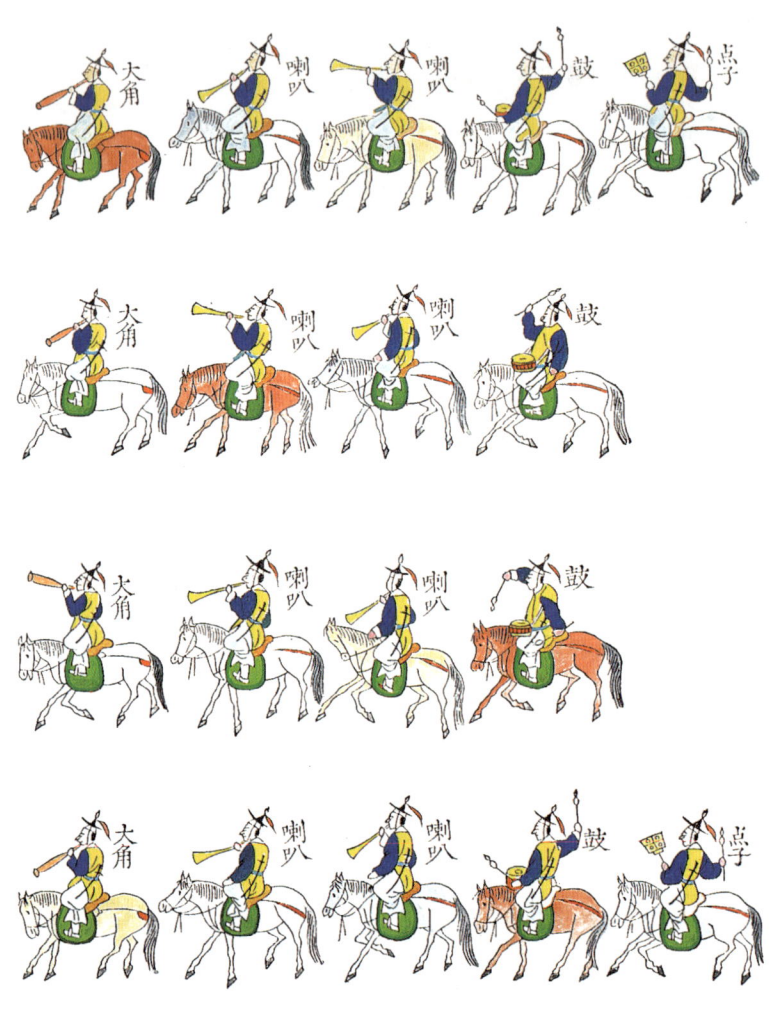

본격적인 악대의 모습이 나타난다. 대각(大角), 북, 징, 피리, 점자(点子), 해금 등 완벽한 취주악대의 모습을 갖추고 요란하게 나아가고 있다. 악대들은 장용영에서 차출되었다.

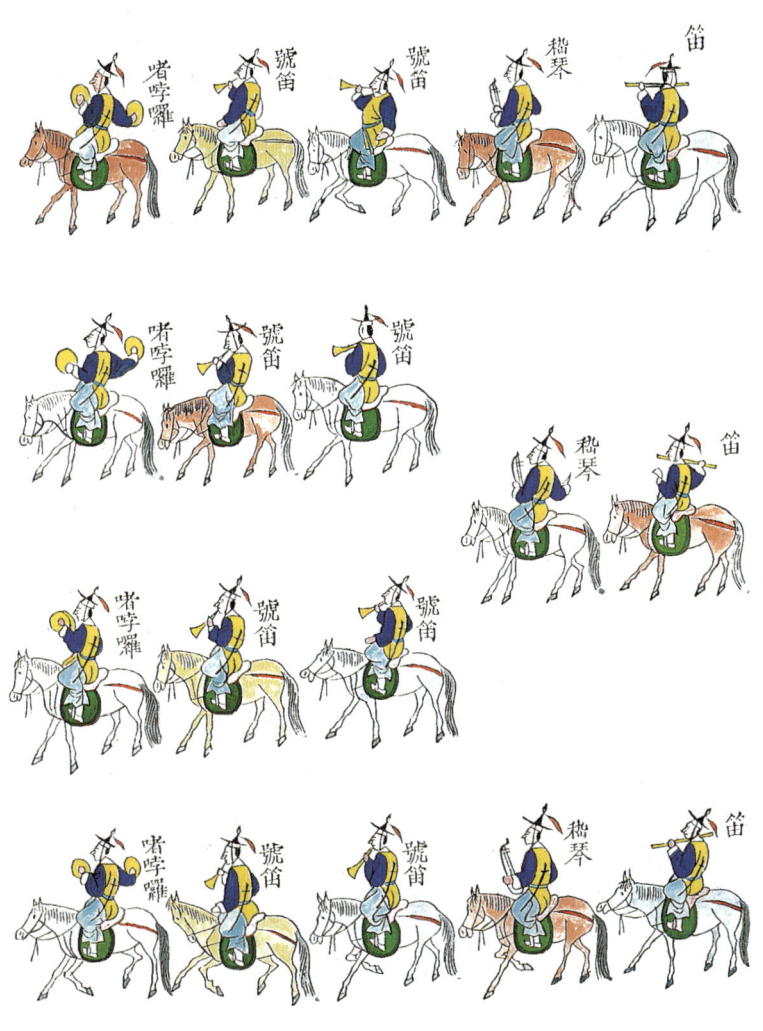

Following are various military bands composed of instruments such as big horns, drums, large gongs, cylindrical pipes, and two-stringed zithers, thus forming a complete ensemble. These bands were recruited from the Royal Guards Garrison.

계라선전관 유성규(啓螺宣傳官 柳成逵)가 청도(淸道), 동남각(東南角), 주작기(朱雀旗), 청룡기(靑龍旗), 백호기(白虎旗), 현무기(玄武旗) 등을 든 장졸들이 뒤따르는 가운데 나아가고 있다. 유성규 좌우로 나인 둘이 말을 타고 가는 것이 이채롭다.

Signal officer Yu Seong-gyu proceeds, followed by soldiers carrying standards such as the parade, red phoenix, blue dragon, white tiger, and black tortoise standards. Noteworthy are two court ladies on horseback to his right and left.

용기초요기(龍旗招搖旗) 겸 차비선전관(差備宣傳官)인 유명원(柳明源)이 훈련도감 깃발과 장용영 깃발 및 악사들을 앞세우며 나타나고, 혜경궁이 먹을 미음 등의 음식을 실은 수라가자(水剌架子) 마차가 뒤따르고 있다. 바로 뒤를 이어 혜경궁의 조카이며 정리낭청인 홍수영(洪守榮)이 수라 마차를 감시하며 가고 있다.

Appearing behind the standards of the Military Training Command and the Royal Guards Garrison and military bands is Yu Myeong-won, who was report officer and responsible for the standard signalling the approach of the dragon standard itself. He is followed by the royal food cart, which bore food for Princess Hyegyeong including rice porridge. Escorting the cart is Hong Su-yeong, a nephew of the princess and an assistant in the Border Defence Council.

정리사이며 총융사(摠戎使)인 서용보(徐龍輔)가 인마, 갑마를 앞세우고 행진하고 있다. 앞뒤로 각각 서리 1명이 보인다. 뒤따르는 장교와 서리(申載源) 뒤로 나인(內人, 궁녀) 둘과 내관 둘이 말을 타고 두리번거리며 나아간다.

Seo Yong-bo, the commander of the Northern Army Corps and yet another provisional overseer of the royal procession, marches on behind armored guiding horses. There is a petty clerk both ahead of and behind him. Following them are officers and other petty clerks, who in turn lead court ladies and eunuchs on horseback. The ladies and the eunuchs look around, as if in search of something.

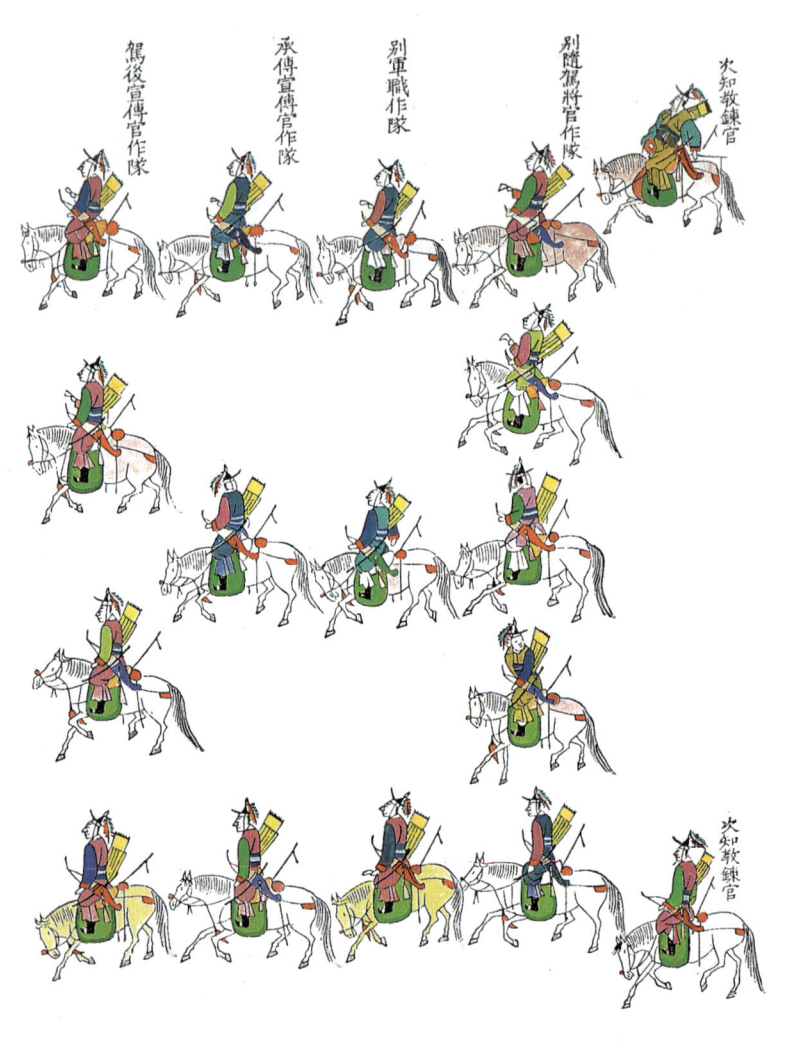

유난히 화려한 복장을 차려입은 차지교련관 등이 배를 불쑥 내민 채 거드름을 떨며 행진하고 있다.
그 뒤에 8마리의 자궁가교인마(慈宮駕轎引馬)가 노란 복장을 한 병졸들에 의해 이끌려가고 있다.

The pot-bellied, lavishly dressed, and swaggering figure is that of an instructor officer. Behind him, eight horses guiding Princess Hyegyeong's palanquin are led by soldiers in yellow uniforms.

임금의 갑옷을 실은 2마리의 어갑주마가 양옆으로 늘어선 훈련도감 소속의 협련군(挾輦軍) 80명, 무예청 총수(武藝廳銃手) 80명의 호위를 받으며 나아가고, 그 뒤를 신전선전관(信箭宣傳官) 이석구(李石求)와 김진정(金鎭鼎)이 어승인마(御乘引馬) 두 필을 앞세우고 뒤따르고 있다.

Two horses bearing royal armors follow, escorted on both sides by 80 palanquin guards from the Military Training Command and 80 gunmen from the Office of Martial Arts. Behind them and headed by two horse guiding the king's horse itself are officers Yi Seok-gu and Kim Jin-jeong, who were responsible for arrows that transmitted royal edicts to various areas outside the capital.

마침내 행차의 주인공인 혜경궁이 탄 가마(慈宮駕轎)가 협련군과 무예청 총수, 그리고 근장군사 등의 삼엄한 경호를 받으면서 화려하게 등장한다. 그 뒤에는 승전선전관(承傳宣傳官) 이동선(李東善)과 신익현(申翼顯)을 비롯한 2명의 금부도사(禁府都事)가 따르고 있다.

Heavily escorted by palanquin guards, gunmen from the Office of Martial Arts, and royal bodyguards, the lavish palanquin carrying Princess Hyegyeong finally enters the scene. Immediately following are two secretaries from the Correctional Tribunal, including messenger officers Yi Dong-seon and Sin Ik-hyeon.

드디어 정조가 탄 좌마(座馬)가 30명의 협마무예청과 30명의 협마순노 등의 호위 아래 혜경궁 가마 뒤를 바짝 따르고 있다. 이번 행차는 어머니를 모시고 가는 관계로 일부러 가마를 타지 않았다. 말 위에 왕이 보이지 않는 것은 왕의 실제 형상을 그리지 않는 관례 때문이다.

Immediately following Princess Hyegyeong's palanquin is the horse carrying King Jeongjo himself, which is heavily escorted by 30 cavalrymen and 30 slaves from the Office of Martial Arts. The monarch chose not to ride in a palanquin on this occasion because he was accompanying his mother. In accordance with conventions, the king is not actually depicted in the painting but has been left blank.

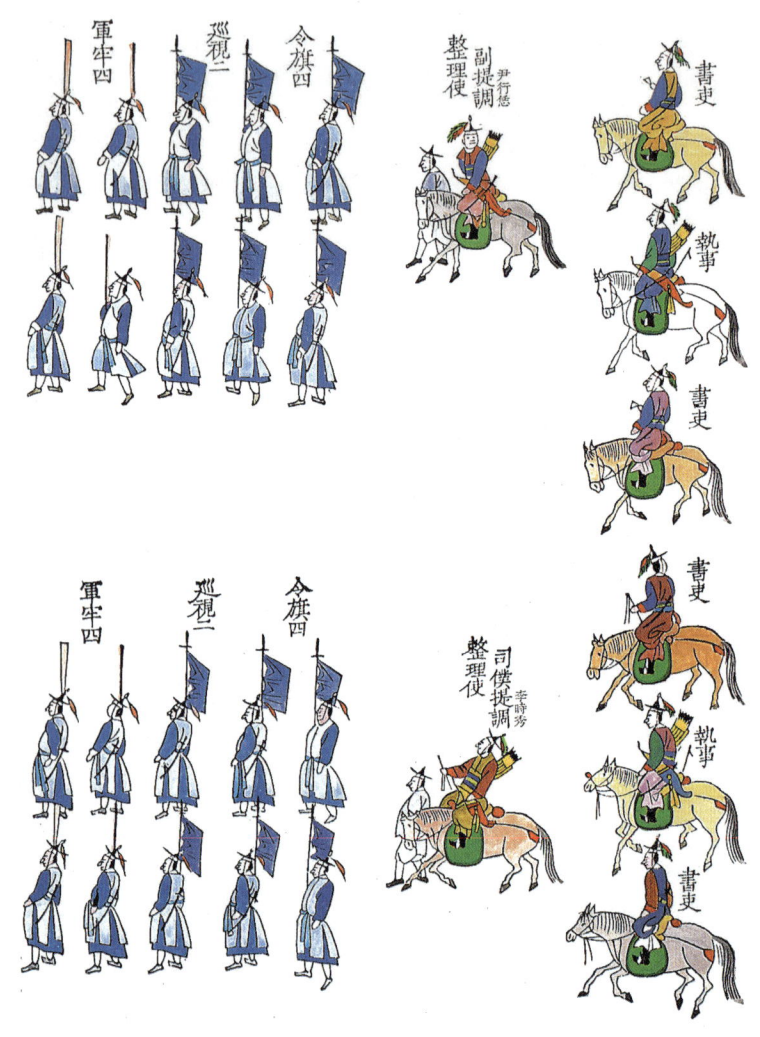

정리사이며 부제조인 윤행임(尹行恁)과 정리사, 사복제조, 호조판서를 겸한 이시수(李時秀)가 서리, 집사 등의 호위를 받으며 위풍당당하게 행진하고 있다. 그 뒤를 혜경궁의 두 딸이자 정조의 누이인 청연군주(淸衍郡主)와 청선군주(淸璿郡主)가 탄 쌍가마가 모습을 나타낸다.

Escorted by petty clerks and ritual officiators, Yun Haeng-im, again a provisional overseer of the royal procession as well as a vice supervisor, supervisors of the Office of Royal Horses and Carriages, and Yi Si-su, the minister of the Board of Revenue, proudly march on. Following them is the double palanquin carrying Princesses Cheongyeon and Cheongseon, the monarch's sisters.

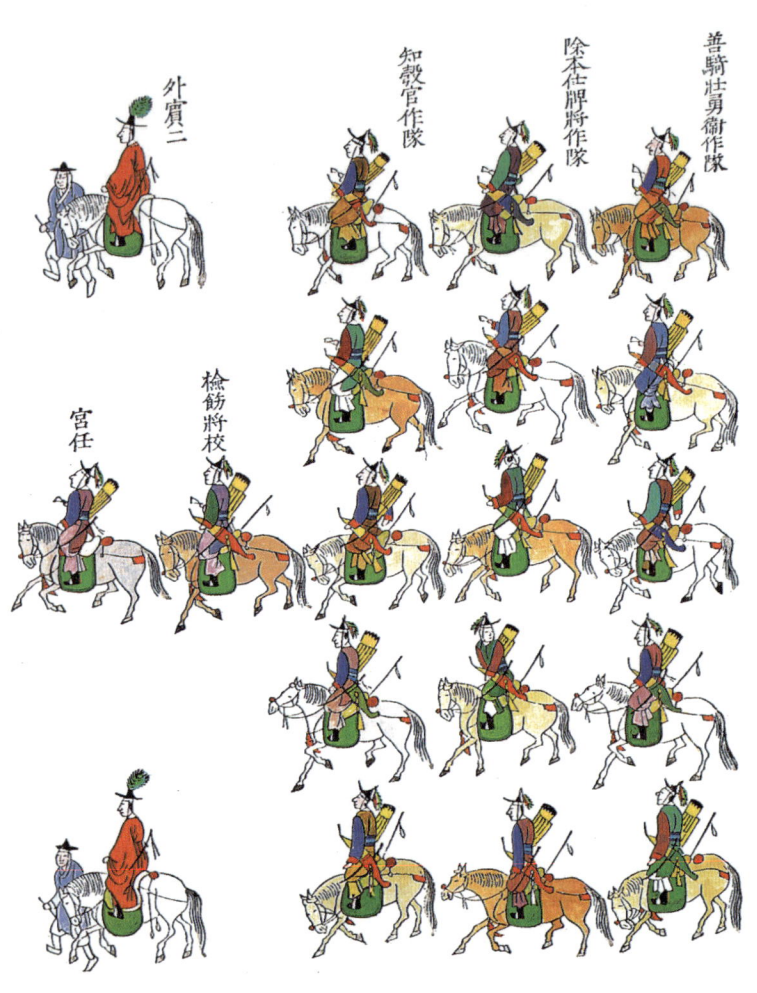

혜경궁의 남자친척인 2명의 외빈(外賓)이 군주 가마의 뒤를 따르고, 그 뒤에 장용영 소속의 지구관(知官), 패장(牌將), 선기장용위, 주마선기대, 서리, 병방승지, 규장각신 등이 대오를 이루어 따른다.

Two male relatives of Princess Hyegyeong follow her daughters' palanquin as honored guests. They in turn are followed by the archery drillmaster from the Royal Guards Garrison, standard officers, cavalry officers from the Royal Guards Garrison, petty clerks, the secretary of military affairs in the Royal Secretariat, and officials from the Royal Library and Archives, all in file.

승정원 주서, 예문관 한림, 사복시 내승(오의상, 吳毅常)과 첨정(조진규), 내의원 의관, 감관 등이 무장을 갖추고 말을 타고 가고 그 뒤에 정조의 친위 부대인 장용위 군사 96명이 5열로 줄지어 따르고 있는데 10명만 그렸다.

Recorders belonging to the Royal Secretariat, academicians from the Office of Royal Decrees, an outrider (O Ui- sang) and an officer (Jo Jin-gyu) from the Office of Royal Horses and Carriages, medical officers from the Bureau of Medicine, and accounting officers ride on armored horses, who in turn are followed by 96 soldiers from the Royal Guards Garrison, the monarch's personal bodyguards, in ranks of five. The painting itself, however, depicts only ten of them.

북을 두드리며 기세를 올리는 선기장(善騎將) 일행이 또 한 번 나타나고 인기(認旗)를 앞세우고 신기(神旗), 갑마(甲馬) 등이 뒤따르고 있다.

Appearing once again is another group of cavalry officers and their soldiers from the Royal Guards Garrison, who energetically beat on drums. Behind them are armored horses and various standards including the cavalry corps and commandant standards.

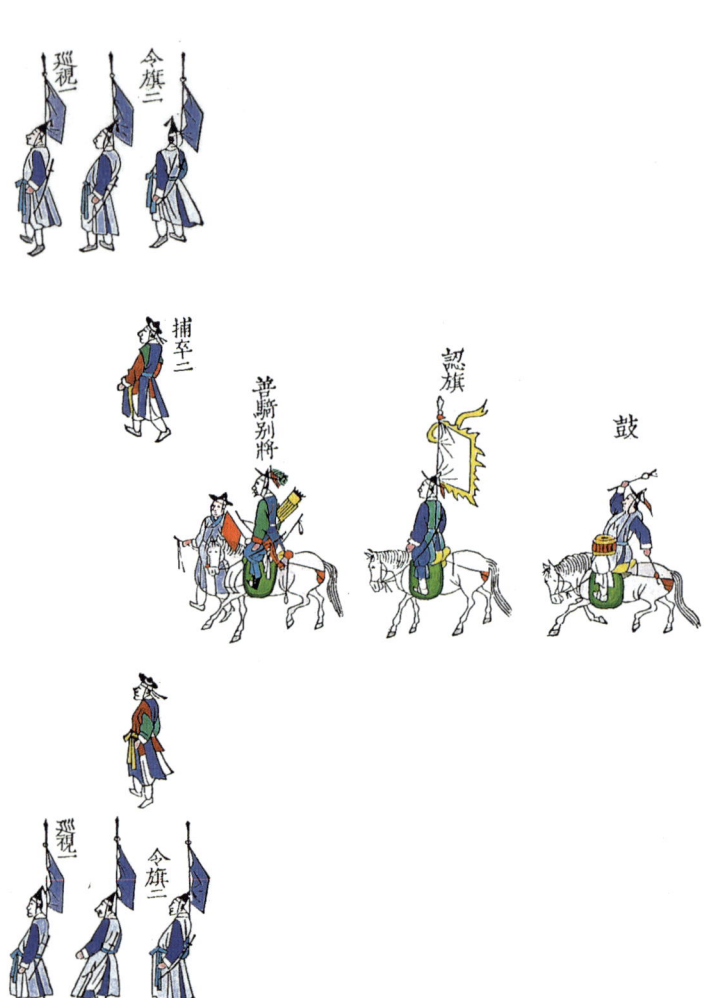

화려한 복장을 한 선기별장(善騎別將)과 선기장 등이 행진하고 있다.

Lavishly dressed cavalry officers from the Royal Guards Garrison march on.

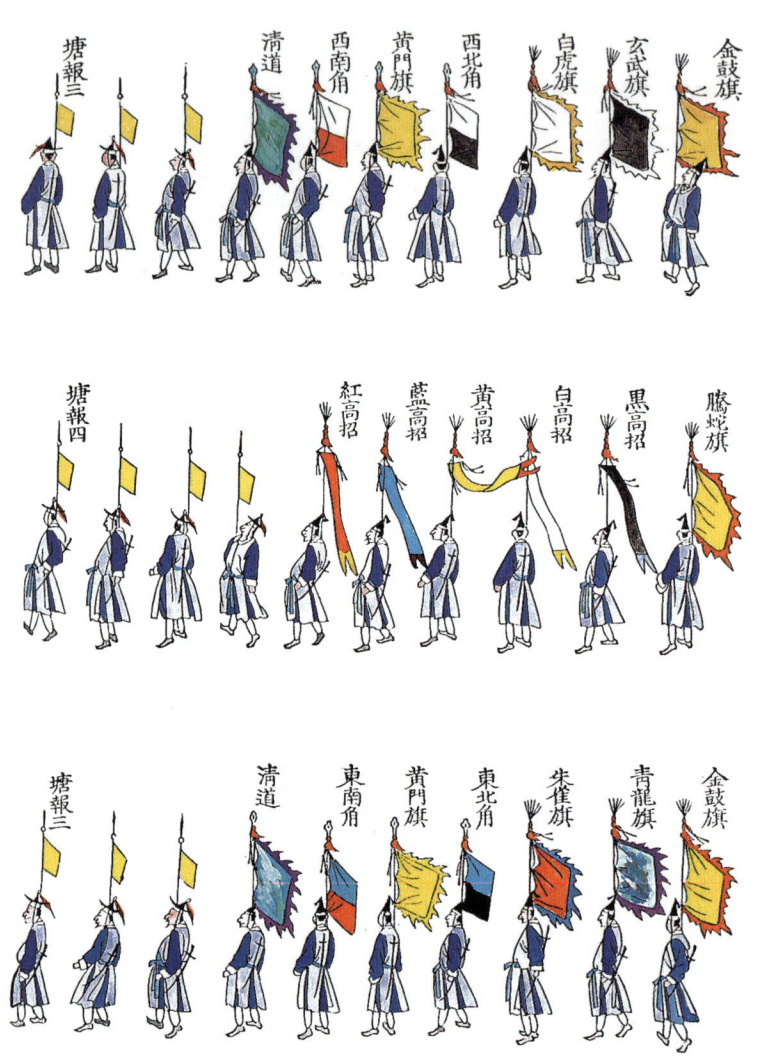

화려한 깃발 부대가 또 나타난다. 당보(塘報), 청도(淸道), 황문기(黃門旗), 동남각(東南角), 주작기(朱雀旗) 등 각양각색의 깃발들이 행진을 한다.

Another host of colorful standards appears, which includes the patrol, parade, yellow gate, and red phoenix standards.

친위부대인 장용내영 대장 서유대(徐有大)가 장교 넷, 서리 둘 그리고 장용영 아병(牙兵)들을 뒤따르게 하고 위엄을 보이며 행진한다.

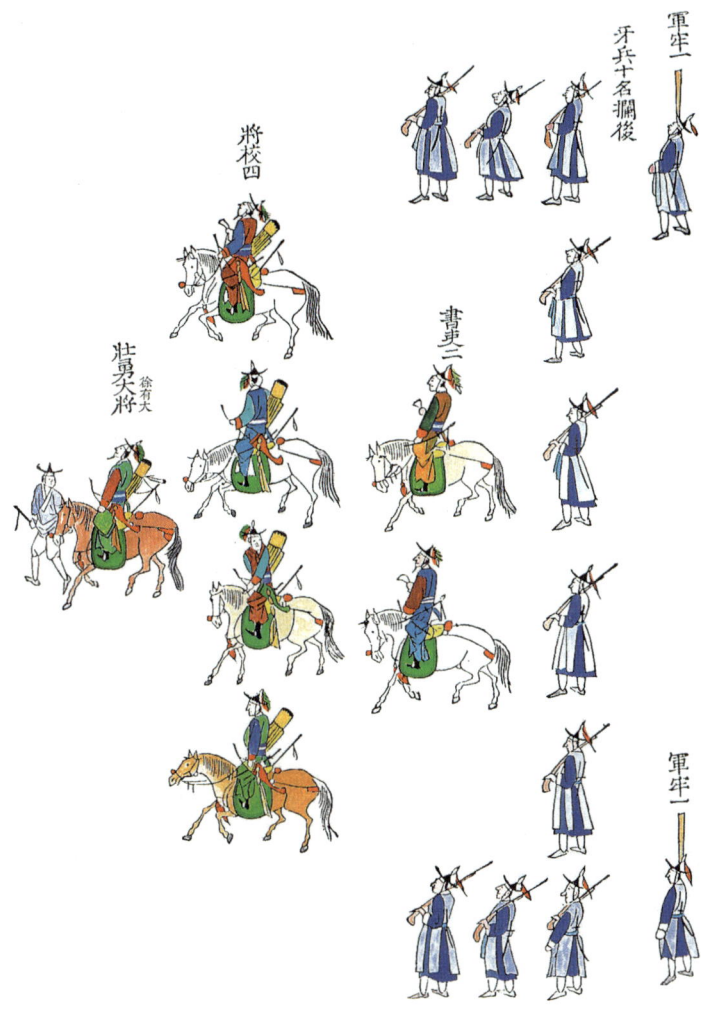

Seo Yu-dae, the commander of the Inner Royal Guards Garrison, solemnly marches on, followed by four officers, two petty clerks, and subordinate soldiers from the Royal Guards Garrison.

선두의 종사관(從事官)이 연신 행렬의 뒤를 살피고 있다. 북을 두드리는 기병 뒤에 초관(哨官)이 그 뒤로 신기, 인기와 군졸들이 따르고 있다.

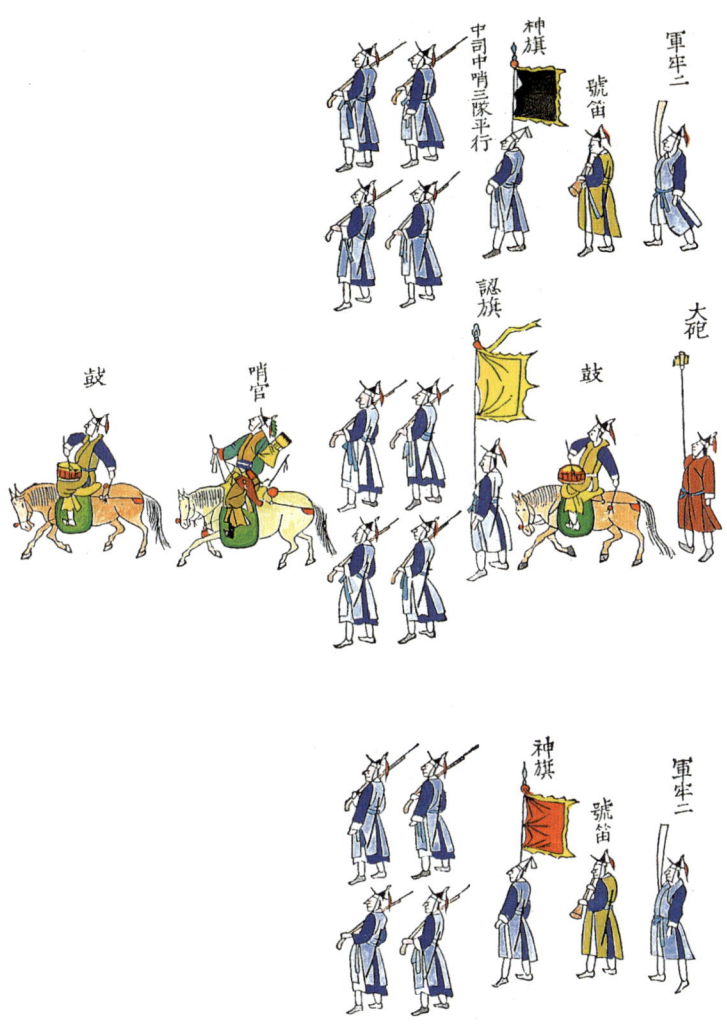

The lieutenant at the head continues to look back at and check the procession behind him. Cavalrymen beating on drums are followed by sentries, who in turn lead soldiers and military standards including the commandant and cavalry corps standards.

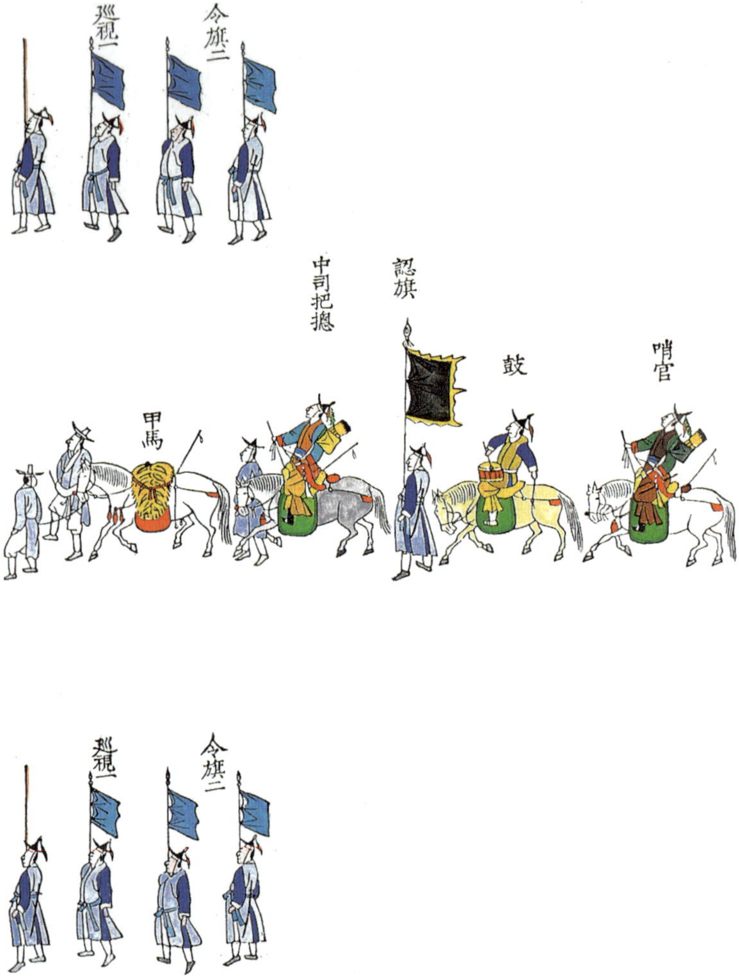

갑마 뒤에 중사파총(中司把摠) 신홍주가 뒤따르고 있으며 좀 뒤로 도승지 이조원(李祖源)이 내시, 금훤랑, 사알, 사약(열쇠 관리), 의관, 사지 둘을 앞세우고, 승지 셋을 뒤따르게 하며 나아가고 있다.
(좌승지 李晩秀, 우승지 李益運, 부승지 兪漢寧, 동부승지 李肇源)

Following the horses that bear royal armors is Captain Sin Hong-ju, slightly behind whom are eunuchs, royal messengers, keepers of palace keys, medical officers, and officials related to paper manufacture. They are followed by Chief Secretary Yi Jo-won, who in turn heads four other royal secretaries (Second Secretary Yi Man-su, Third Secretary Yi Ig-un, and Vice Secretaries Yu Han-nyeong and Yi Jo-won).

승정원 주서와 예문관 한림 뒤로 규장각 각신과 내의원 제조가 뒤따르고 장용영 제조 이명식(李命植)이 경연관 2명과 용호영에서 차출된 가후금군(駕後禁軍) 50명을 뒤따르게 하며 나아가고 있다.

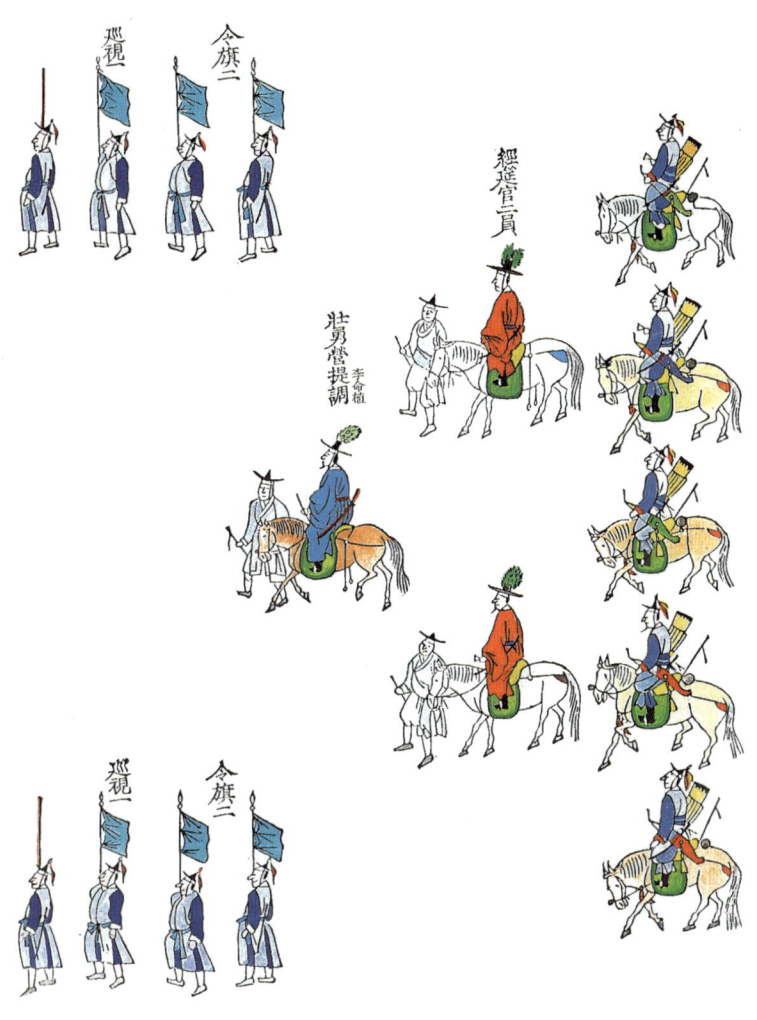

Behind recorders from the Royal Secretariat and academicians from the Office of Royal Decrees are officials from the Royal Library and Archives and supervisors of the Bureau of Medicine. Yi Myeong-sik, a supervisor of the Royal Guards Garrison, then follows, escorted by two royal lecturers and 50 soldiers of the Palace Garrison recreuited from the Dragon-Tiger Brigade.

엄청난 크기의 표기(標旗)를 앞세우고 차비총랑(差備摠郎)과 별무사들이 행진하고 있다. 그 뒤에 병조판서 심환지(沈煥之)가 근장군사와 장교의 호위를 받으면서 따른다.

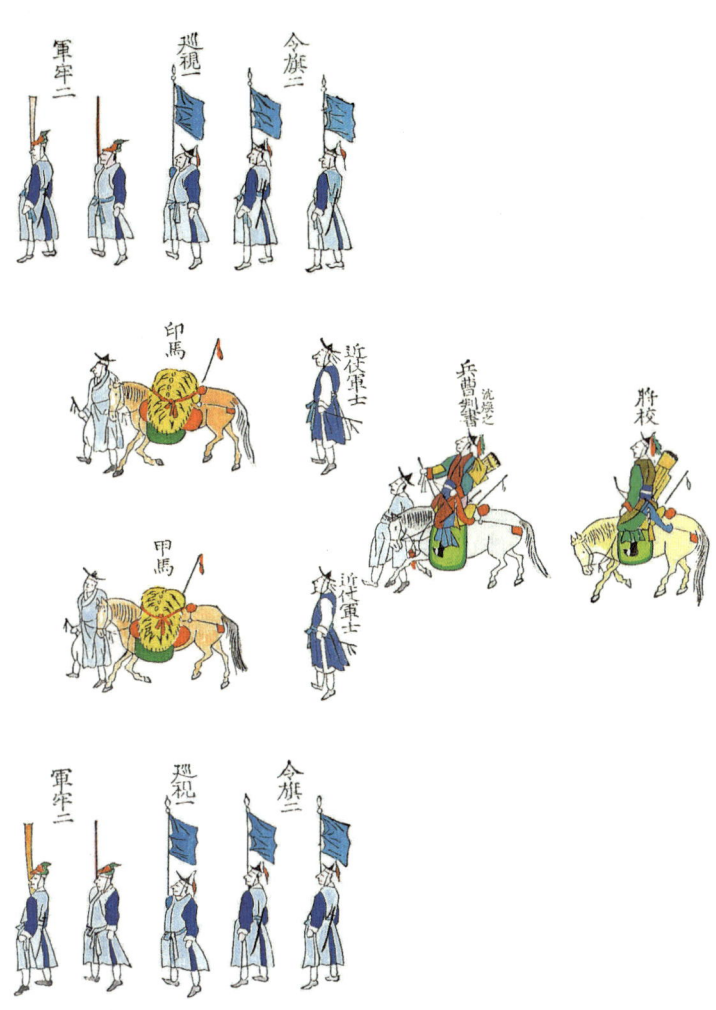

With an enormous standard of the Board of War ahead of them, court officials and the Extraordinary Military Corps march on. Behind them is Sim Hwan-ji, the minister of the Board of War, in turn escorted by royal bodyguards and officers.

양옆으로 서반(무관)과 동반(문관) 관원들이 행진하며 난후금군(後禁軍) 25명이 5열을 이루고 따른다.

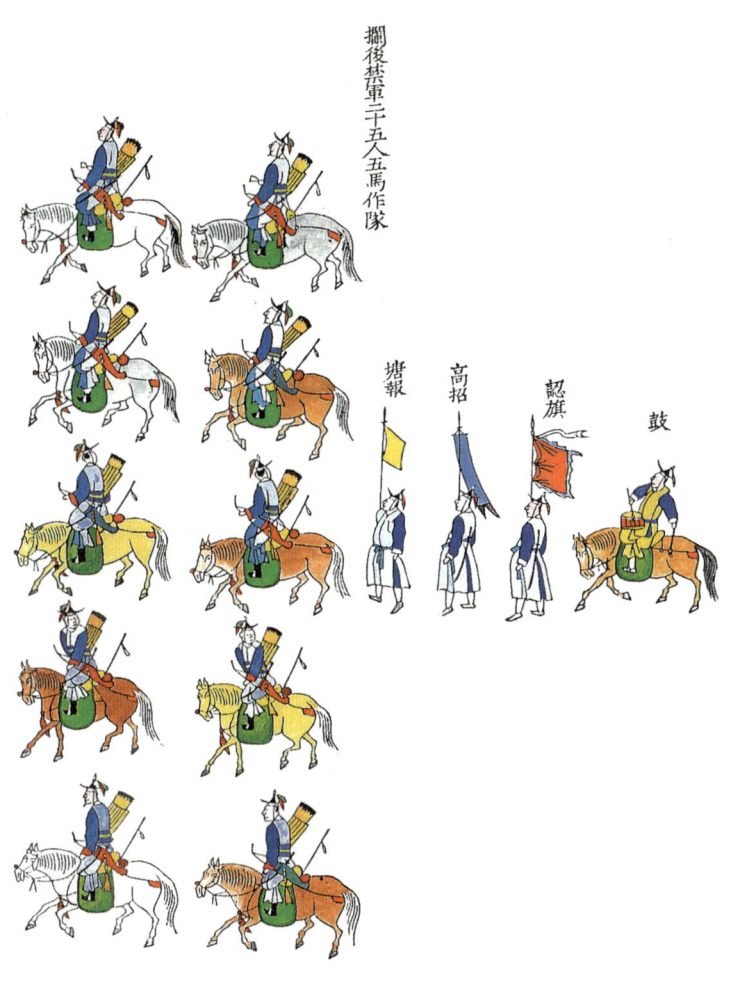

Marching in file on either side are military and civil officials, followed in turn by 25 soldiers from the rear Palace Garrison.

장용영 외영의 초관(哨官)과 좌사파총(左司把摠) 이운창을 좌우에 두고 신기, 인기를 든 초군(哨軍)들이 나팔과 피리 소리 속에 행진을 하며 북소리가 흥을 돋운다.

With the sentry officers from the Outer Royal Guards Garrison and Captain Yi Yun-chang on their left and right sides, sentries carrying various standards including the commandant and cavalry corps standards march on amid flourish and drumbeat.

가장 후미에 좌사중초군(左司中哨軍) 3대가 평행을 이루며 행진하고 가운데 초관이 북소리에 맞추어 후미를 이끌며 나아가고 있다. 가장 뒤에는 좌사후초군(左司後哨軍) 3대가 평행을 이루며 대미를 장식하고 있다.

Following behind are three groups of sentries, led by the sentry officer in the middle as he marches to the drumbeat. At the very rear of the entire procession is another group of sentries.

단 8일을 위한
1년간의 준비

이층 중수파련(二層 中水波蓮)

밀랍으로 연꽃과 잎을 만들고, 사이사이에 월계와 홍색 푸른색 복숭아꽃을 넣는다. 대찬탁 좌우에 꽂는다.

사치하거나 낭비하는 자, 엄히 다스릴지니

정조의 1795년 화성행차는 조선 역사를 통틀어 가장 장엄하게 치러진 행사로 많은 인적·물적 준비가 필요했다. 왕이 궁을 떠나 길에 오른 것은 같은 해 윤2월 9일이지만, 그 준비는 1년 전부터 시작되었다.

우선 행차 날짜를 윤2월로 정한 것은 농사철을 피하여 정월이나 2월에 행차해 오던 관례를 따랐다. 다만 종전보다 시기를 조금 늦춘 이유는 농사 직전의 봄철을 택하기 위해서였다. 어머니의 회갑 잔치를 위한 행사이니만큼 계절에 신경을 쓰지 않을 수 없었다.

준비 과정에서 가장 중요한 것은 주관 기구 설치와 비용을 마련하는 일이었다. 주관 기구로 정리소(整理所)라는 임시 기구를 1794년 12월 11일 장용영 조방(朝房)에 설치했다.

총경비는 약 10만 냥으로 예정되었는데 이는 모두 국민의 세금과는 관계없이 정부의 환곡을 이용한 이자 수입으로 마련했다. 정조는 재원을 조달할 때 민력(民力)을 수고롭게 하지 말고, 영읍(營邑)에 영향을 주지 말며, 명색(名色)이 타당하고 수용(需用)이 간편한 방법을 찾도록 엄명했다.

정조는 10만 냥의 재원을 1794년 12월 11일 정리당상

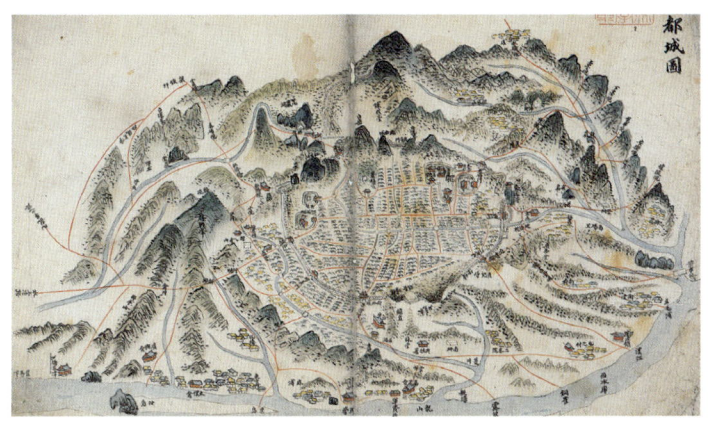

《동국여도》중〈도성도(都城圖)〉, 1책, 채색필사본, 47×66cm, 19세기 전반, 서울대 규장각 소장

성 밖으로 도시가 확장되어 있는 모습이 인상적이다. 한강의 주요 나루를 중심으로 가옥이 밀집된 모습도 보이며 왼쪽부터 양화진, 마포, 노량, 동작, 한강진 등이 상세히 그려져 있다. 5강의 하나인 서강(마포 부근)의 표기는 빠져 있다.

윤행임(整理堂上尹行恁)에게 출납을 관리하도록 명하면서 비용 지출의 원칙을 이렇게 지시했다.

"이 돈이 비록 국가의 경비와 관련이 없다고 하더라도 모두가 공화(公貨)다. 만약 쓰고 남는 것이 있다면 마땅히 민국(民國)에 보탬이 되도록 해야 한다. 더욱이 어머니께서는 반드시 일마다 절약하라는 뜻을 누누이 말씀하신 것이 한두 번이 아니다. 여러 당상은 돈을 쓸 때 성감(省減)하는 데 힘써서 터럭만큼이라도 사치하거나 크게 하지 않도록 해야 한다."

여기서 특히 주목할 것은 쓰고 남는 돈이 있으면 반드시 민국(民國)을 위해서 쓰겠다는 약속이다. 뒤에 다시 살피겠지만 정조는 실제로 전국의 진민(賑民)을 구제하는 자금으로 정리곡(整理穀)이라는 재원을 만들었다. 정조는 12월 13일에도 정리소에 나가서 이렇게 당부했다.

"한 터럭만큼이라도 민읍(民邑)에 폐를 끼치지 말고 예를 간략하게 하면서도 의(義)를 세우고 성의를 보이면서도 경비를 절약하고자 하는 것이 나의 뜻이다. 혹시라도 사치하거나 낭비하는 일이 있으면 해당 참(站)의 당상과 낭청을 엄히 다스릴 것이다. 혹시라도 한 그릇이나 한 가지의 맛있는 음식이라도 사사로이 준비하여 진어(進御)하는 자가 있으면 그 죄가 어떻다는 것을 내가 이미 대신들에게 말한 바 있다. 경들은 여러 낭관을 엄칙하여 죄를 짓는 일이 없도록 하라."

10만 냥의 재원을 지출함에 있어서 사치와 낭비를 엄격하게 막고, 또 개인이 과잉 충성하는 것을 처벌할 뿐 아니라 만약 경비가 남으면 민국, 즉 백성과 나라를 위해 쓰겠다는 것이 정조의 본심이었다.

새 길을 열고 다리를 놓다

서울과 화성을 잇는 신작로의 건설

정조는 1789년에 아버지 무덤을 수원으로 옮긴 이후로 매년 현륭원을 참배하기 위해 거둥 길에 나섰다. 제1차 거둥은 1790년 2월, 제2차는 1791년 1월, 제3차는 1792년 1월, 제4차는 1793년 1월, 제5차는 1794년 1월이었다. 1월을 주로 택한 이유는 사도세자의 탄신일이 1월이라는 것과 농사철을 피하려는 뜻이 있었다.

원래 현륭원으로 가는 길은 시흥 방향이 아니고 지금의 남태령을 넘어 과천(果川)과 인덕원(仁德院)을 거치는 것이었다. 그러나 1795년 거둥 길에서는 새로이 시흥 길을 택했다. 그 주된 이유는 남태령 길을 닦는 것이 힘들어서였다.

그러나 야사에는 과천을 거쳐 인덕원으로 가는 도중에 찬우물점을 거치는데 이곳의 김약로(金若魯, 1694~1753) 무덤을 피하려는 의도였다고 한다. 김약로는 노론의 영수(領袖)로 사도세자의 죽음에 깊이 관여한 김상로(金尙魯)의 형이다. 김약로는 사도세자 죽음에 직접 연류되지는 않았지만, 그래도 정조가 그 무덤을 보기 싫어했다고 전한다.

서울-화성 간 도로 건설은 사도세자 무덤을 현륭원으로 옮긴 이후부터 시작되어 토지 수용에 따른 보상과 부역 노동자의 임금이 지급되었다. 시흥 길은 언덕이 적은 편이어서 길을 내기가 비교적 쉬웠지만, 안양천을 비롯하여 많은 개울이 있어서 크고 작은 많은 교량을 세워야 했다. 《원행정례(園幸定例)》에 의하면 서울에서 현륭원까지의 거리는 83리(당시는 10리가 지금의 약 5.4킬로미터에 해당)이고, 24개의 다리가 건설되었다.

지금 안양시 만안구 석수동에 있는 아름다운 돌다리 만안교(萬安橋)는 1795년 9월에 경기감사 서유방(徐有防)에 의해 건설되었다. 또한 1796년에는 지금의 안양시에 만안제(萬安堤)라는 제방을 건설했는데 이는 비단 농업 용수의 공급을 위한 것만이 아니라 10리에 걸친 도로를 굳건하게 다지는 이중 효과를 거두었다. 오늘날 서울과 수원을 연결하는 시흥대로의 기초가 이때 놓였다. 1800여 명의 많은 인원이 말을 타고 5행(行) 혹은 많은 경우에는 11행으로 열을 지어 행진하는 까닭에 연로(輦路)의 폭은 이를 용납할 만큼 넓어야 했다. 연로의 너비는 대략 24척(尺)으로 미터로는 10미터 정도다. 그래서 이 도로는 순조 때도 계속 확장되어 더욱 넓어지고 마침내 전국적으로 10대로(大路)에 들어가는 간선 도로가 되었다. 이 도로를 당시 신작로(新作路)라고 불렀다.

왕이 직접 배다리 설계에 나서다

화성 거둥 길에서 가장 어려운 것은 한강을 건너는 일이었다. 한강을 최소 비용으로 안전하게 건너기 위해서는 배다리〔舟橋〕를 놓는 것이 최선이었다. 원래 한강을 건널 때는 직접 배를 타고 건너는 것이 오랜 관행이었지만, 때에 따라서는 배다리를 놓는 경우가 종종 있어 왔다. 1789년, 사도세자 무덤을 현륭원으로 옮길 때도 뚝섬에 배다리를 놓고 건넜다. 현륭원을 모신 1789년(정조 13)에 주교사(舟橋司)라는 관청을 설치해 노량(鷺梁)에서 배다리를 놓고 건너는 방법을 택했다. 노량진에 70칸짜리 창고를 지어 배다리 건설에 필요한 각종 장비를 보관하도록 조처하기도 했다. 그러나 배다리 놓는 기술이 미숙하여 공사 기간이 길어지고, 수백 척의 배를 동원하는 등 폐단이 매우 컸다. 이 배들은 한강을 오르내리면서 조세곡을 실어 나르거나 장사를 하는 배들이었으므로 생업에도 막대한 지장을 주었다. 정조는 현륭원에 갈 때마다 이 점을 심각하게 고민하면서 배다리를 짧은 기간에 최소 비용으로 건설하는 방법을 신하들과 연구하기 시작했다.

    배다리를 건설하자면 무엇보다도 치밀한 설계가 필요했다. 왕은 묘당(廟堂, 비변사)의 신하와 부로(父老)의 의견을 널리 구하면서 자신도 직접 설계안을 구상했다. 그래서 먼저 묘당이 《주교절목(舟橋節目)》을 만들어 왕에게 보고했다. 그러나 왕은 그 계획이 치밀하지 못하다고 생각해 이를 조목조목 비판하고, 1790년(정조 14) 7월 1일에 직접 〈주교지남(舟橋指南)〉을 써서 배다리 놓는 기본 원칙을 제시했다. 그리고 세부적인 설계는 신하들이 연구하도록 했다. 이 설계에 따라 같은 해 12월 24일 실험적으로 배다리가 건설되었다.

이 설계의 특징은 비용을 적게 들이면서도 다리의 안전성과 아름다움을 추구한 것이다. 특히 큰 배를 강심(江心)에 배치하고, 이를 축(軸)으로 작은 배들을 남북으로 배치함으로써 완만한 아치형을 이룬 것은 오늘날 사장교(斜張橋)의 원리와도 비슷하다.

또한 동원된 민간 선박에 못을 박는다든지 하여 상처를 주지 않으면서 안전한 다리가 되도록 독특한 연결 방법을 구상했는데 이는 매우 탁월한 발상이 아닐 수 없다. 더욱이 바닷물이 드나드는 한강 일대의 지리 조건을 정확하게 이해하여 조수 간만에도 안전성을 확보할 수 있게 선창(船艙)을 조교(弔橋) 형식으로 해결한 점도 기발하다.

이밖에 경강선(京江船)을 동원할 때 선주(船主)들에게 적절한 반대급부를 부여하여 자발적인 참여를 유도하는 경영자적인 안목도 보인다. 배다리 공사를 군대식으로 치밀하게 조직하고 관리하는 정조의 능력은 비범함을 보여준다. 역시 정조는 창조적이고 과학적인 두뇌를 지닌 인물이었다. 배다리는 정조의 기본 설계에, 세부적인 약간의 수정이 더해진 끝에 최종적인 설계가 완료되었다.

조선시대 다리 역사의 한 획을 긋다

그렇다면 배다리 건설 과정을 한번 보자. 우선 배와 배를 연결할 때 배를 상류를 향하여 닻을 내리게 하고, 배와 배를 연결하는 삼판(杉板)을 견아상제(犬牙相制, 개 이빨처럼 서로 물리게 함) 형태로 연결하여 배가 흔들리지 않게 했다. 강가에 선창을 설치할 때는 나무 대신 주변의 잡석(雜石)을 모아 배와 같은 높이로 쌓고, 석회(石灰)를 발라 항구처럼 만들었다. 그리고 여기에 큰 못을 박아 밧줄을 맬 수 있게 했다.

그리고 나서 남북의 선창에 가까이 있는 항선(項船)의 머리와 꼬리 부분을 묶어서 안상(岸上)에 있는 못에 연결시켰다. 그다음 세로 막대기〔縱樑〕와 버팀목〔洞柱〕을 연결하고, 횡판(橫板)을 깔고, 난간(欄干)과 조교(弔橋)와 홍살문을 설치했다. 그리고 횡판을 깔 때는 판자가 맞닿는 곳에 드러나지 않게 못을 박고, 아래쪽에는 견마철(牽馬鐵)을 박았으며, 판자의 양 끝에는 구멍을 뚫고 삼줄을 꿰어 좌우의 세로 막대기에 묶었다. 또 선창(船艙)과 항선(項船)을 연결하는 도로는 조교 형태를 취해 조수(潮水)가 드나들어 수면이 변하더라도 안전하게 했다.

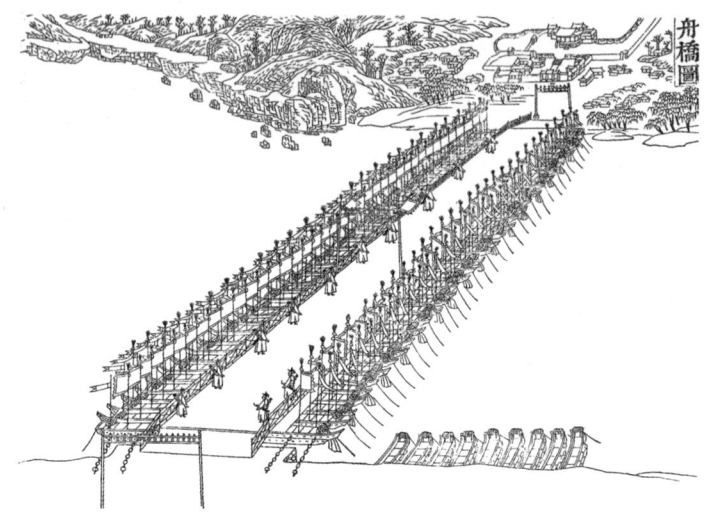

《원행을묘정리의궤》 권수(卷首)의 〈주교도(舟橋圖)〉
다리를 연결하는 데 들어간 36척의 교배선(橋排船), 선창 및 홍살문, 선창과 배가 연결된 모양새가 보인다.

마지막으로 다리의 양 끝과 중간 부분에 세 개의 홍살문을 건설했다. 양 끝의 홍살문은 다리의 시작과 끝을 시각적으로 드러나게 하고, 중앙의 홍살문은 강심(江心)에 있는 가장 큰 배에 세워 이곳이 강심임을 드러내려 했다. 강심은 모든 다리 건설의 표준 지점이기 때문이다. 이렇게 해서 만들어진 배다리의 실제 길이는 대략 330~340미터 정도였다.

건설은 2월 13일에 시작되어 2월 24일에 끝났다. 처음에는 20일 정도를 예상했으나 불과 11일 만에 다리가 건조되었다. 정조가 지시한 대로 기술을 크게 보완하고 치밀하게 준비한 덕분이었다. 실제 소요된 물자도 정조의 예상보다 더 적게 들었다. 《주교절목》과 《원행을묘정리의궤》(권4, 주교)에 의하면 다리를 연결하는 데 들어간 교배선은 36척에 지나지 않았다. 한강의 노들 강변에 멋들어진 배다리가 단기간에 건설된 것은 이때가 처음으로 이는 조선시대 다리 역사의 획을 긋는 큰 사건일 뿐 아니라 우리 과학 기술사의 한 페이지를 장식하는 거사이기도 했다. 또 정조의 화성 나들이가 한강 일대 교통 문화의 발전에 크게 이바지했다는 증거이기도 하다.

지금 한강철교와 한강대교가 놓인 노들 강변에 오방색 깃발이 나부끼는 배다리가 걸려 있고, 그 위로 1800여 명의 행렬이 말을 타고 지나가는 모습을 상상하면 장관이 아닐 수 없다. 또 배다리가 놓였던 바로 그 부근에 오늘날 우리가 이용하는 최초의 근대적 교량이 건설되었다는 점도 결코 우연이 아니다. 배다리는 행차가 서울로 돌아온 후 그다음 날인 윤2월 17일 철파되었지만, 정조뿐 아니라 그 뒤 왕들이 한강을 건널 때마다 수시로 재건되었으며 일제시대 근대적인 교량이 세워질 때까지 계속되었다. 한강에 배다리를 놓는 모습은 서울의 유명한 풍물 중 하나였다.

철저한 준비 끝에 출발 전야를 맞다

정조는 행차를 떠나기에 앞서 한강의 배다리에서 도강(渡江) 예행 연습을 가졌다. 윤2월 4일에 이루어진 이 행사를 당시 '주교도섭습의(舟橋渡涉習儀)'라고 불렀다. 주교가 건설된 지 열흘 뒤요, 행차를 떠나기 닷새 전의 일이다. 예행 연습을 하는 자리에서 왕은 신하들이 앞으로 과잉 충성할 것을 염려하여 다음과 같은 지침을 엄명했다.

"첫째, 먼 곳에서 진이(珍異)한 음식을 구해다 바치지 말 것. 둘째, 음식 맛을 시중의 습속을 따라 사미(奢靡, 사치하고 화려함)하게 내지 말 것. 셋째, 각 참(站)에서는 개인적으로 물건을 진상하는 사헌(私獻)을 절대로 금할 것. 넷째, 여령(女伶, 기생)과 정재(呈才)들을 각 도에서 뽑아 올리지 말고 내의원, 혜민서, 공조, 상방(尙房) 등에서 역을 지는 사람 중에서 약간 명을 뽑고 화성 여령을 반반으로 배정할 것. 다섯째, 악공(樂工)과 여령들의 복식은 깨끗하되 화려하지 말 것. 여섯째, 왕의 진찬(進饌, 수라상)은 10여 그릇이 넘지 않도록 할 것. 일곱째, 연악(宴樂)은 법악(法樂)과 다르므로 간편하게 하고 악기도 서울과 화성에 있는 것을 보수해서 쓸 것."

그러고서도 안심이 되지 않아서 왕은 윤2월 8일, 그러니까 행차가 출발 하루 전날, 암행(暗行) 어사를 파견했다. 임금의 행차를 빙자하여 아래 신하들이 백성들에게 물품을 뜯어내는 등 민폐를 끼칠 우려가 있음을 예견하고 이를 철저히 막으려는 것이 정조의 굳은 의지였다.

1795년의 화성행차는 어머니의 회갑을 기념하는 행사인 만큼 왕실의 기쁨을 온 나라 백성들과 함께 나누려는 것이 정조의 본뜻이었다. 특히 행차의 목적지인 화성과 그 인근 지역 주민들의 사기를 높이기 위한 여러 조치가 강구되었다.

지역 주민에게 과거 응시 기회를 넓혀주는 일은 가장 적극적인 사기 진작책이었다. 문과(文科)는 정예 인사를 뽑아야 하지만, 무과(武科)는 웬만한 실력이면 발탁해도 무방했다. 그래서 왕은 문과별시(文科別試)를 화성에서 치르며 무과의 문호는 더욱 넓게 열어두고 응시자가 많도록 권장했다.

왕은 앞으로 행차를 따라갈 서울 무사들의 사기도 높여주기 위해 2월 29일 창덕궁 안의 서총대(瑞蔥臺)에서 무예 시험을 치러 성적이 좋은 이들에게 자(資)를 높여 주거나 혹은 전시에 나갈 수 있는 자격을 주고 물건을 하사하기도 했다. 한편, 행차가 시작되던 윤2월 9일에는 어가(御駕)가 지나가는 지역에 있는 종실(宗室)의 무덤과 선현(先賢)을 모신 서원(書院)과 사우(祠宇)에 관리를 보내 제사하도록 명했다.

마지막으로는 척후복병(斥候伏兵)의 배치가 남았다. 왕이 백 리 밖으로 행차할 때 주요 길목에 신변의 안전을 위한 척후복병을 배치하는 일은 반드시 필요했다.

화성행차,
그 8일간의 기록

목단화(牧丹花, 위)   인조 모란꽃. 대소 찬품 및 내외빈 찬탁에 나누어 꽂는다.
지별건화(紙別健花, 중간)   종이로 만든 꽃.
홍도 삼지화(紅島 三枝花, 아래)   인조 붉은 복숭아꽃. 대소 찬품 및 내외빈 찬탁에 나누어 꽂는다.

첫째 날(윤2월 9일)

새벽을 여는 1킬로미터의 장엄한 행렬 - 창덕궁

드디어 모든 준비가 끝나고 윤2월 9일 예정된 출궁일이 왔다. 출발 시간은 아침 묘시(卯時, 새벽 5~7시)로 정해졌다.

왕은 창덕궁 영춘헌(迎春軒)에 나와 "먼저 자전(慈殿, 할머니)을 알현해야 한다."고 하고, 말을 타고 수정전(壽靜殿)에 가서 할머니께 인사를 드렸다. 할머니 정순후(貞純后) 김씨는 바로 할아버지 영조의 계비(繼妃)로 나이는 51세였다. 어머니보다도 10세가 아래인 셈이다. 할머니는 사도세자의 죽음에 관여한 처지이기 때문에 정조와는 사이가 좋지 않았지만, 행차를 떠나기에 앞서 일단 인사를 드리는 것이 도리였다. 왕은 할머니와 자신의 비(妃, 효의왕후 김씨)를 궁에 남기고, 어머니와 두 누이인 청연군주(清衍郡主), 청선군주(清璿郡主)만을 대동하고 궁을 나서기로 했다.

묘정(卯正) 3각(6시 45분경)에 세 번째 북이 울리자 왕은 융복(戎服)을 입고 모자에 깃을 꽂고 여(輿, 뚜껑 없는 가마)를 타고 돈화문까지 나와서 여에서 내려 악차(幄次, 임금이 거둥할 때 쉬도록 장막을 둘러친 곳)에 들어가 자궁(慈宮,

어머니)을 기다렸다. 자궁은 궁 안에서 가마를 타고 영춘문, 천오문, 만팔문, 보정문, 숭지문, 집례문, 경화문, 동룡문, 건양문, 숙장문, 진선문을 거쳐 돈화문으로 나왔다. 왕은 돈화문 앞에서 자궁과 인사를 나눈 뒤 말을 타고 출발했다.

《원행을묘정리의궤》에 들어 있는 〈반차도〉에 의하면 어가를 따라간 인원은 총리대신 채제공을 비롯하여 1779명에 달하고, 말은 779필이다. 그러나 《원행을묘정리의궤》에 기록된 배종자(陪從者) 명단을 보면 거둥 길에 동원된 실제 인원은 대략 6000명에 달한다. 이들 배종 신하들이 모두 어가를 따라가는 것은 아니고 현지에 먼저 내려가 있거나 혹은 연로에서 대기하면서 근무하는 자가 많았다. 하지만 6000여 명 중 4500여 명은 모두 5군영의 군사들로 이 중에서 정조의 친위 부대인 장용영 소속이 3000여 명을 차지한다.

수백 개의 현란한 깃발들이 나부끼고 115명의 기마 악대가 각종 악기를 힘차게 연주하면서 행진하는 모습은 상상만 해도 장관이 아닐 수 없다. 그 행렬의 길이가 얼마나 될는지는 정확히 알 수 없으나 어림잡아 1킬로미터 정도는 되었을 것이다.

날 좋고 어머니 만강하니 - 노량행궁, 시흥행궁

어가 행렬은 창덕궁 정문인 돈화문에서 출발하여 돈녕부 앞길-파자전 돌다리(지금의 단성사 앞)-통운 돌다리(지금의 종로2가)-종루 앞길(지금의 보신각 앞길)-대광통 돌다리(지금의 서린동 청계천 광통교)-소광통 돌다리(남대문로 1가 을지로입구역 근처)-동현(銅峴, 구리개, 지금의 명동) 병문앞길-송현(松峴, 지금의 한국은행 본점 부근)-수각(水閣) 돌다리(구 서울시 경찰국 부근)-숭례문(남대문)으로 이어지는 길을 거쳤다.

숭례문을 나온 어가는 도저동(桃楮洞, 복숭아골과 닥나무골, 지금의 서울역 부근) 앞길에서 청파교(靑坡橋, 지금의 갈월동 쌍굴다리 부근) 쪽으로 방향을 틀었다. 지금 기차가 다니는 철로가 대체로 당시에 노량으로 가는 길이었다. 어가가 율원현(栗園峴, 밤울재, 지금의 원효로2가에서 용산 방면 언덕으로 추정) 앞길에 나오자 구경꾼들이 모여들었다. 당시 이들을 관광민인(觀光民人)이라고 불렀다. 왕은 이들을 막지 말라고 명했다.

어가는 석우(石隅, 돌모루골, 만초천과 청파천이 만나는 지점으로 지금의 남영역 앞)를 거쳐 만천주교(蔓川舟橋, 너푸내에 있는 다리, 지금의 용산역 부근)를 지나 노량(노들) 배다리에 이르렀다. 배다리의 위치는 지금의 한강대교와 한강

정조의 능행길

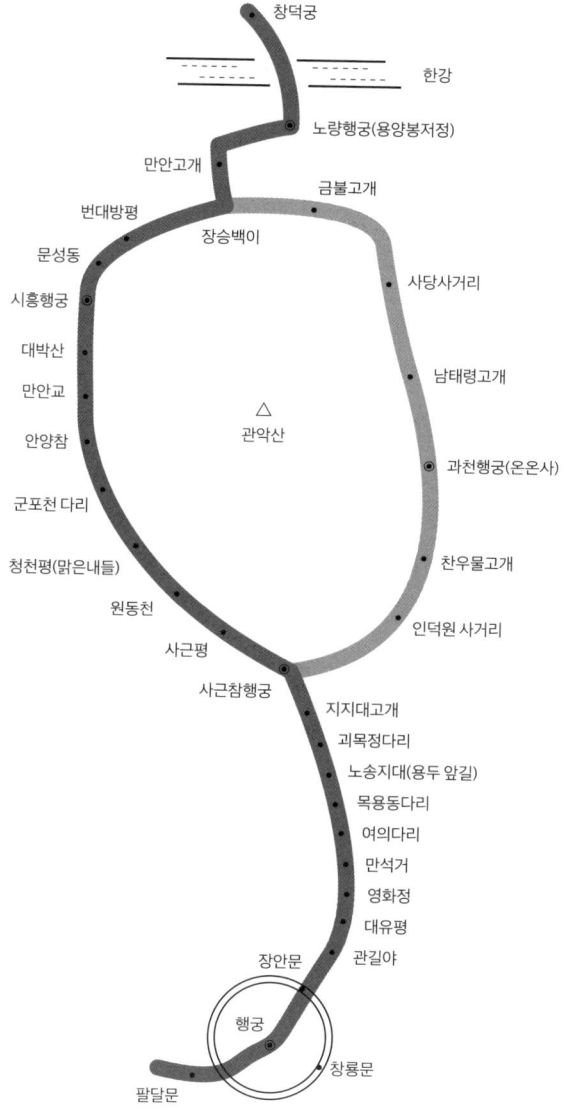

철교 중간쯤으로 보인다. 현재 한강대교에는 중간에 중지도
(中之島, 노들섬)가 있지만, 당시에는 없었다.

배다리 중간에 있는 홍살문에 이르자 왕은 말에서 내려
혜경궁 가마에 가서 문안을 드렸다. 다리를 건너가자 왕은 용
양봉저정(龍驤鳳翥亭, 지금의 동작구 본동 10-30번지)에 먼
저 도착하여 어머니가 쉴 방돌(房堗, 구들장)과 수라의 찬품
(饌品)을 조사하고 막차(幕次)로 나아가 어머니를 맞았다.
1791년에 완공된 용양봉저정은 '용이 뛰놀고 봉황이 높이 나
는 정자'라는 뜻으로 지금 상도터널 북측 입구의 동편 언덕에
있는데 일제시대 일본인이 대부분의 집을 헐고 목욕탕 등 유
락시설들을 지었다. 지금은 한 채만이 외롭게 남아 있다.

혜경궁은 내차(內次)로 들어가서 휴식을 취하고 음식을
들었다. 정리사가 점심을 가져오자 왕은 직접 음식을 살펴보
고 혜경궁께 드렸다. 두 군주(郡主)의 음식은 언제나 왕과 같
았지만, 수행원의 음식은 직책에 따라서 차등이 있었다.

노량에서 음식을 들고 휴식을 취한 후 오초(午初) 2각
(11시 30분) 삼취(三吹)에 행차가 다시 시작되었다. 행차는
노량에서 13리 떨어진 시흥행궁을 향했다. 원래 시흥현(始興
縣)은 금천현(衿川縣)으로 불렸으나 같은 해 시흥현으로 바꾸
고 현감도 현령으로 승격시켰다. 왕은 군복(軍服)으로 갈아입
고 말을 탔다. 행렬은 용양봉저정을 떠나 만안현(萬安峴, 속칭

만냥고개)으로 향했다. 지금 상도터널 입구에서 노량진 쪽으로 가다가 노량진 본동 입구에서 서남쪽 매봉산을 향해 올라가는 고개다.

어가는 다시 장승백이고개〔長牲峴〕를 지나 지금의 상도동 길로 불리는 길을 따라 번대방평(蕃大坊坪, 지금 동작구 대방동)으로 향했다. 여기서 서남쪽으로 틀어서 시흥현 문성동(文星洞) 앞길에 이르렀다. 지금의 시흥대로다. 문성동은 지금 남부순환도로와 시흥대로가 만나는 지점이다. 현재까지도 신림동에서 독산동으로 가는 길을 문성동 길이라고 부르고 있다.

왕은 문성동 앞길에서 행차를 잠시 멈추게 하고, 자궁가마 주변에 청포장(靑布帳)을 치라고 명령한 다음 정리사가 건네준 미음다반(米飮茶盤)을 직접 혜경궁에게 올렸다. 이 미음은 대추를 삶은 음료수였다. 왕은 정리사 윤행임(尹行恁)을 불러 "행차가 머무는 행궁에 먼저 가서 여러 일을 미리 검칙하라."고 이르고 잠시 후에 "내가 먼저 행궁에 가서 직접 살피겠다. 병방승지(兵房承旨)와 사관(史官)은 내 뒤를 따르라."고 했다. 행차는 문성동을 떠나 이날 밤 유숙지인 시흥행궁(始興行宮)으로 향했다. 왕은 먼저 도착하여 행궁을 두루 살피고 막차(幕次)에 나와서 어머니를 기다렸다가 내차로 모셨다. 날이 저물고 저녁시간이 되었다.

〈정조대왕 능행도(正祖大王 陵行圖, 일명 화성능행도)〉 8폭 병풍 중 〈시흥환어행렬도(始興還御行列圖)〉의 아래쪽 일부분, 1795년, 214.5x73.5cm, 국립고궁박물관 소장

산자락 아래 자리한 행궁 건물을 진입로에서부터 병사들이 호위하고 있다. 혜경궁 일행은 행차의 첫째 날과 한양으로 돌아오기 전날 이곳에서 머물렀다.

어가가 첫날밤을 보낸 시흥행궁의 위치는 지금 금천구 시흥5동 동사무소 부근으로 추정된다. 뒤로 관악산에서 뻗어 나온 검지산(黔芝山)이 우뚝 서 있는 곳이다. 현재 행궁은 없어지고, 그 부근의 수백 년 된 은행나무 몇 그루가 보호수로 지정되어 있다. 행궁은 이 행차를 위해 새로 지은 것이다.

정리사가 석선(夕膳, 저녁 수라상)을 바치자 왕은 직접 살펴본 뒤 어머니에게 올렸다. 왕은 가는 곳마다 이 일을 되풀이했다. 조금 뒤 왕은 막차에서 나와 "일기가 청화(淸和)하고 자후(慈候, 어머니의 건강)가 만강하시니 경행(慶幸)을 금할 수 없다."고 한 후 신하들에게 음식을 내리면서 "이 음식은 자궁께서 내리시는 것이니 배불리 먹으라."고 했다.

둘째 날(윤2월 10일)

궂은 날을 무릅쓴 행군 - 시흥, 청천평, 사근참행궁, 진목정

시흥에서 하룻밤을 묵은 왕은 다음 날 아침, 점심을 들기로 예정되어 있는 사근참행궁(肆覲站 行宮)을 향해 떠났다. 시흥에서 20리 떨어진 거리다. 시흥에서 사근참행궁에 이르는 노정은 시흥행궁-대박산(大博山) 앞길-염불교(念佛橋, 안양유원지 입구 부근)-만안교(萬安橋)-안양참(安養站)-장산우(長山隅)-군포천교(軍浦川橋, 안양교도소 뒷길)-서원천교(書院川橋) - 청천평(晴川坪)-서면천교(西面川橋)-원동천(院洞川, 성라자로 마을 입구)-사근평(肆覲坪, 고려병원 입구 서쪽)-사근참(의왕시청 부근)-사근참행궁(의왕시 왕곡동 골사그내)이다. 대략 지금의 시흥대로와 안양시 만안로 그리고 1번 국도를 따라가는 길에 해당한다.

    이날 출발 시간은 아침 묘시(卯時, 5~7시)였다. 왕은 시흥행궁에서 "비가 곧 올 것 같으니 시위군병은 바로 대기하고 있다가 묘정(卯正) 3각(6시 45분경) 삼취(三吹) 때 모이라."고 하교했다. 왕은 이날도 군복을 입고 말을 타고 갔다.

    시흥행궁을 떠난 어가는 지금의 시흥대로를 타고 안양

을 향해 발길을 재촉했다. 대박산평(大博山坪, 지금의 금천구 시흥동 석수역 부근)을 지나 만안교를 건너 안양참 앞길에 이르자 행차를 잠시 쉬게 했다.

행렬은 안양참에서 다시 출발하여 지금의 안양시 만안대로를 따라 남으로 전진했다. 언덕이 거의 없는 평탄한 길이다. 어가가 장산(長山) 모루를 지나 청천평(晴川坪, 맑은내들)에 이르렀다.

어가가 청천평에서 다시 출발해 지금의 의왕시 성 라자로마을 입구인 원동천(院洞川, 원골개울)을 지나 1리를 더 가서 사근평에 이르고, 다시 사근참(지금의 의왕시 고천동)을 거쳐 사근참행궁에 도착했다. 이곳은 지금 경수산업도로(1번국도)와 과천-의왕간고속화도로가 만나는 의왕시 왕곡동(일명 골사그내)에 해당하는 것으로 보인다. 사근참은 원래 이름이 사근천(沙斤川, 사그내)이었으나 이때 한자 이름을 바꾸었다.

왕은 먼저 사근참행궁에 도착하여 시설을 점검하고 혜경궁의 가마가 도착하자 내차(內次)로 맞아들였다. 이곳에서 오전 간식인 주다소반과와 주수라(점심)를 들었다. 그런데 이때 비가 내리기 시작했다. 왕은 "비가 아직 멎지 않는데 새로 지은 사근참행궁이 방사(房舍)가 낮아서 밤을 지내는 데 어려움이 있다. 백관과 군병이 비를 맞을 것이 걱정되지만,

이곳에서 화성이 얼마 되지 않으니 오늘 도착할 수 있다."고 하고 잠시 후 삼취를 불게 했다. 왕은 우구(雨具)를 갖추고 출발했다. 화성행궁까지는 20리였지만 비를 무릅쓰고 행진은 다시 시작되었다.

사근참행궁의 응난헌주정소(凝軒晝停所)에서 출발한 어가는 일용고개〔日用峴〕를 거친 지 얼마 안 되어 미륵현(彌勒峴)에 이르렀다. 지금 '지지대고개'로 불리는 이곳은 원래 사근고개〔沙斤峴〕였으나, 원행이 시작되면서 이름을 미륵현으로 바꾸고, 또 정조가 지지대(遲遲臺)라는 이름을 붙였다.

미륵현은 비가 와서 땅이 질고 미끄러웠다. 왕은 잠시 말에서 내려 어머니에게 문안을 드렸다. 어가는 미륵현을 넘어 지금의 효행가든 뒤편에 있는 괴목정교(槐木亭橋, 괴목정다리, 느티나무정이 다리)로 접어들었다. 현재 수원시 장안구 파장동에 속하는 이 길은 얼마 전까지도 국도로 이용되었으나 지금은 그 일대가 정조의 효행을 기리는 효행공원으로 변하고 정조의 동상과 효행기념관 등이 들어서 있다.

괴목정다리를 지난 어가는 용두(龍頭, 현 노송지대 입구) 앞길을 거쳐 지금의 수원시 장안구 파장동 노송(老松) 지대로 내려갔다. 호화로운 갈빗집들 사이로 우람하면서도 우아한 자태를 뽐내고 있는 노송들이 이 무렵에 심어졌다. 노송 지대를 지난 어가는 장안문에서 5리쯤 떨어진 진목정(眞木亭)에 이르렀다. 진목정의 위치는 자세히 알 수 없으나 지금의 수원시 장안구 만석거공원 부근인 듯싶다.

진목정에 이르자 먼저 가 있던 총리대신 채제공이 길 왼편에서 어가를 맞이했다. 장용영 외영 소속의 친군위(親軍衛) 군인들도 협로에서 어가를 맞이하면서 고취(鼓吹)를 연주했다. 여령(女伶, 기생)들도 나와 대기했다. 왕은 진목정에서 잠시 쉬면서 미음다반을 어머니에게 올렸다.

경사스런 봄비가 왕의 도착을 알리네 - 화성행궁
대가(大駕)는 장안문에서 남문인 팔달문을 향해 가다가 오른편의 종가(鐘街)로 방향을 틀어 좌우 군영의 앞길을 거쳐 행궁의 정문인 신풍루로 들어갔다. 신풍루는 행궁의 외삼문에 해당하는데 그 앞에 작은 개울이 있고 신풍루 전교(前橋)로 불리는 돌다리가 있었다. 신풍루에서 다시 직진하여 행궁의 중문인 좌익문(左翊門)을 거쳐 중양문(中陽門)으로 들어가 화성행궁의 주건물인 봉수당(奉壽堂)에 도착했다. 봉수당은 행궁의 중앙에 자리 잡고 있다.

왕은 말에서 내려 어머니를 봉수당 왼편에 있는 장락당(長樂堂)으로 모시고 들어가 주다별반과(晝茶別盤果)를 올리고, 저녁에는 석수라를 올렸다. 이 집이 자궁의 휴식처였다. 드디어 이틀에 걸친 여행이 끝난 것이다. 창덕궁에서 화성행

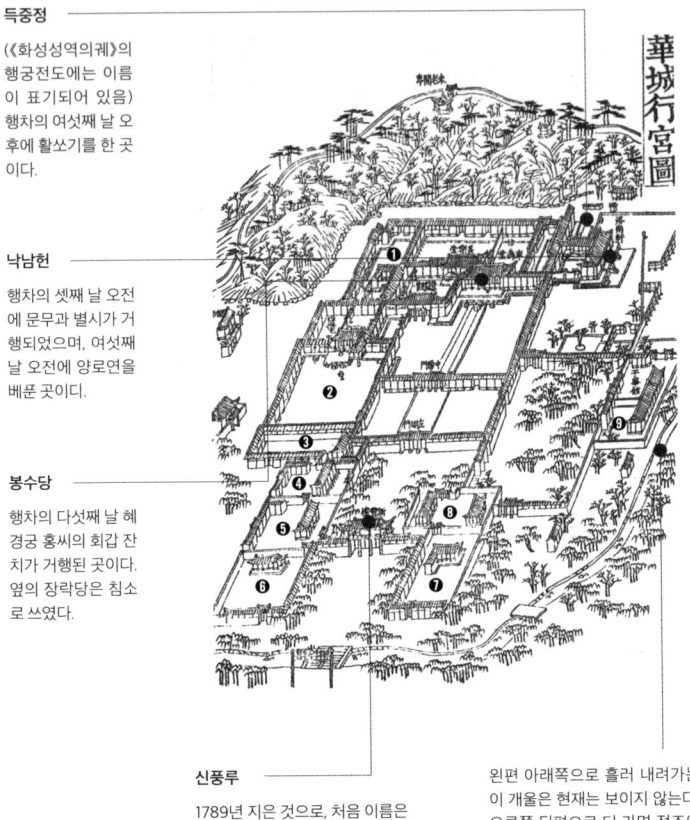

득중정

《화성성역의궤》의 행궁전도에는 이름이 표기되어 있음) 행차의 여섯째 날 오후에 활쏘기를 한 곳이다.

낙남헌

행차의 셋째 날 오전에 문무과 별시가 거행되었으며, 여섯째 날 오전에 양로연을 베푼 곳이다.

봉수당

행차의 다섯째 날 혜경궁 홍씨의 회갑 잔치가 거행된 곳이다. 옆의 장락당은 침소로 쓰였다.

신풍루

1789년 지은 것으로, 처음 이름은 '진남루'였다. 행궁의 정문으로 행차의 여섯째 날 화성 주민들에게 쌀을 나누어준 곳이다.

왼편 아래쪽으로 흘러 내려가는 이 개울은 현재는 보이지 않는다. 오른쪽 뒤편으로 더 가면 정조의 어진(御眞)을 모신 화령전(華寧殿, 1801년 건립)이 있다.

《정리의궤》중〈화성행궁도(華城行宮圖)〉

오른쪽에 설명되지 않은 곳들은 다음과 같다.
❶ 복내당(福內堂) ❷ 유여택(維與宅) ❸ 외정리소(外整理所) ❹ 비장청(裨將廳) ❺ 서리청(書吏廳)
❻ 남군영(南軍營) ❼ 북군영(北軍營) ❽ 집사청(執事廳) ❾ 우화관(羽華館)

궁까지의 거리는 정확하게 63리였고, 화성행궁에서 현륭원까지는 20리였다. 그런데 당시의 10리는 약 5.4킬로미터에 해당하므로 지금의 거리로 따지면 서울에서 현륭원까지의 거리는 110여 리(약 45킬로미터)가 된다.

왕은 자신의 처소인 중양문 왼편의 유여택(維與宅)으로 가서 시신(侍臣)에게 교를 내렸다.

"오늘 비에 젖은 것은 미안하지만, 큰 문제는 없었다. 매사 언제나 십분 원만하기를 바라서는 안 된다. 어제는 날씨가 화창하고 따뜻했고, 내일은 또 경사스러운 예(禮)가 많다. 수십 리 길에 비가 오다가 문득 개이기도 했으니 그나마 다행이다. 더욱이 경작이 곧 시작될 시기에 논두렁 밭두렁이 젖었으니 어찌 농부들의 경사가 아니겠는가."

셋째 날(윤2월 11일)

유학 진흥의 뜻을 밝히다 - 화성향교 대성전

윤2월 11일은 한양을 떠난 지 사흘째 되는 날이지만, 화성에서 여러 행사가 시작되는 첫 날이기도 했다. 이날은 향교(鄕校)의 대성전(大成殿, 공자를 모신 사당) 참배, 문무과 별시 시행, 회갑 잔치 예행 연습 등 이렇게 세 가지 행사가 예정되어 있었다.

화성에서의 첫 행사를 향교 참배로 정한 것은 학문을 사랑하는 정조의 유학진흥(儒學振興) 의지를 보여준다. 향교의 대성전에는 공자(孔子)에서 주희(朱熹)에 이르는 21명의 중국 성현과, 설총(薛聰)에서 박세채(朴世采)에 이르는 15명의 우리나라 유학자들의 위패가 모셔져 있다. 대성전은 문선왕묘(文宣王廟) 혹은 성묘(聖廟), 문묘(文廟)라고도 부른다.

〈정조대왕 능행도〉 8폭 병풍 중 〈화성성묘전배도(華城聖廟展拜圖)〉
행차의 셋째 날인 윤2월 11일 이른 아침, 화성에서의 첫 번째 공식 행사로 거행된 성묘(聖廟) 참배 장면이다. 맨 위쪽의 대성전 앞뜰에는 청금복(靑衿服)을 입은 유생들이 그 아래쪽의 명륜당 뒤로는 수행한 문무백관들이 각각 시좌하여 있다. 명륜당 앞뜰, 향교의 주위와 앞쪽으로 많은 병사들이 호위하고, 주변에는 구경 나온 사람들의 자유로운 모습들이 보인다. 화면 전체적으로 산자락에 빙 둘러싸인 가운데 장면이 전개되는 점이 이채롭다.

묘초(卯初) 3각(5시 45분경) 삼취에 왕은 군복(융복)을 입고, 말을 타고 중양문, 좌익문, 신풍루를 거쳐 화성의 남문인 팔달문(八達門)으로 나왔다. 화성향교는 여기서 서남방으로 약 2킬로미터 떨어진 팔달산 남쪽 기슭, 지금의 수원시 권선구 교동에 있다.

향교 문밖에 이르자 왕은 말에서 내려 여(輿, 뚜껑이 없는 가마)를 타고 명륜당(明倫堂) 대차(大次)로 들어가서 옷을 면복(冕服)으로 갈아입었다. 왕은 규(圭)를 들고 동쪽 협문으로 들어가 동쪽 계단을 따라 올라 대성전 앞 기둥의 동쪽에 설치한 판위(版位)로 가서 서쪽을 향해 선 다음, 네 번 절했다. 배종(陪從)한 백관과 유생도 규정에 따라 예를 올렸다. 왕은 공자를 비롯한 성현의 위패가 모셔진 묘(廟) 안으로 들어가 내부를 살피고 나서 수리를 지시했다.

문무과 별시를 열어 인재를 뽑다 - 화성행궁의 낙남헌

이날 두 번째 행사는 진시(辰時, 아침 7~9시)에 행궁의 오른편에 있는 낙남헌(洛南軒)에서 문무과 별시를 거행하는 일이었다. 왕이 융복을 입고 모자에 깃을 꽂고 낙남헌으로 나오자 음악이 연주되었다. 왕이 자리에 오르자 음악이 중지되었다.

시험에 앞서 일정한 의식이 치러진 뒤 왕은 심환지와 이병정에게 '근상천천세수부(謹上千千歲壽賦)'라는 제목의 시험

문제를 쓰게 했다. 자궁께서 오래 사시기를 기원하는 내용의 부(賦)를 지으라는 것이다. 왕은 이어 무과를 치르기 위해 수험생을 하나씩 불러 활을 쏘게 했다.

이렇게 해서 최종 합격자가 가려졌다. 문과에서는 왕이 화성에서 2명, 광주, 시흥, 과천에서 각각 1명을 뽑으라고 명하여 모두 5명이 합격했다. 다음 무과에서는 모두 56명을 선발했는데 합격자 중에는 아버지의 신분이 양인(良人)으로 되어 있는 자도 보인다. 대체로 장용영 친군위에 속한 군병들의 합격률이 높아 이들의 사기 진작에 도움을 주었을 듯싶다. 문무과 합격자의 명단을 공개하는 의식인 방방의(放榜儀)는 미정(未正, 오후 2시)에 이루어졌다.

회갑 잔치 예행 연습을 열다 – 봉수당

이날의 마지막 행사인 진찬습의(進饌習儀, 회갑 잔치 예행 연습)는 신시(申時, 오후 3~5시)에 봉수당(奉壽堂)에서 거행되었다. 이틀 후에 있을 회갑 잔치를 미리 연습하는 행사다. 회갑 잔치는 이번 행차의 주목적인 만큼 각별히 신경을 쓰지 않을 수 없었다. 왕은 신시에 봉수당에 나가 "모레 가질 진찬(進饌)은 처음 있는 성대한 일로서 의절(儀節)을 거행함에 있어서 여령(女伶, 춤추는 기생)이 가장 격식에 맞추기 어렵다. 경기(京妓, 서울기생)는 상호도감(上號都監, 존호를 올리는 일을 주관하는 관청)에서 습숙했지만, 화성부의 여령은 생소함을 면키 어려울 것이다. 오늘 과거 합격자 발표를 일찍 마쳤으므로 경들과 함께 이곳에서 예행 연습을 하려고 한다."고 했다. 왕은 되도록 나라에 폐를 끼치지 아니하기 위하여 숙련된 기생들을 선발하지 않고 궁에서 일하는 침선비(針線婢, 바느질하는 여자종)와 의녀(醫女)들을 여령으로 동원했기 때문에 그들의 춤 솜씨를 은근히 걱정하지 않을 수 없었다.

넷째 날(윤2월 12일)

부친에 대한 그리움이 하늘에 맺히다 – 현륭원

윤2월 12일은 서울을 떠난 지 나흘째이고, 화성에서의 둘째 날이다. 이날은 오전에 아버지 묘소인 현륭원에 전배(展拜)하고, 오후와 야간에는 화성에서 두 차례 군사 훈련[城操]을 하도록 예정되어 있었다. 새벽 인정(寅正) 3각(오전 4시 45분경) 삼취에 왕은 군복을 입고 말을 타고, 어머니를 모시고 현륭원을 향해 떠났다. 아직 해도 뜨기 전이다.

    행차는 행궁의 중양문, 좌익문, 신풍루를 거쳐 화성의 남문인 팔달문(八達門)으로 나와 지금의 정조로(正祖路)를 따라 남으로 향했다. 어가는 상류천점(上柳川店, 매교삼거리) 앞길에서 잠시 휴식을 취했다. 왕은 매교 삼거리에서 자궁에게 미음다반을 드리고, 약방 제조이자 병조판서인 심환지에게 명했다.

"자궁의 기후(氣候, 건강)가 여행 중 한결같이 강녕하시어 경행(慶幸)을 이길 수 없다. 그런데 방금 가마 앞에서 문안을 드릴 때 옥음(玉音)이 고르지 못하여 자체(慈體)가 편안치 못하신 것 같아 민망하기 그지없다. 경은 먼저 원소(園所)에 가서 자궁이 드실 삼령차(蔘茶) 1첩을 즉시 달여놓고 대기하라."

어가는 다시 출발하여 상류천(上柳川), 하류천(下柳川), 황교(皇橋, 지금 수원비행장 영내), 옹봉(甕峰, 비행장 영내), 대황교(大皇橋, 돌다리, 비행장 영내), 유첨현(賜瞻峴)을 거쳐 유근교(賜覲橋, 화성시 태안읍 안녕리 원소 앞) 앞길에 이르자 모두 말에서 내리게 했다. 유근교에서 말을 내린 왕은 걸어서 만년제(萬年堤)를 거쳐 현륭원 동구(洞口)에 이르렀다. 왕은 먼저 재실(齋室) 밖의 막차(幕次)로 가서 자궁을 모시고 재실로 들어갔다. 왕은 앞서 심환지에게 부탁하여 다려놓은 삼령차를 어머니에게 올렸다. 정리사가 미음을 가져오자 왕은 "자궁의 기후가 고르지 못하시어 삼령차를 드렸으니 미음은 드시기 어렵다. 잠시 두라."고 명했다.

〈정조대왕 능행도〉 8폭 병풍 중 〈서장대성조도(西將臺城操圖)〉
행차의 넷째 날인 윤2월 12일 밤, 정조가 화성의 서장대에 행차하여 군사 훈련을 실시하는 장면을 묘사한 그림이다. 그림 맨 위쪽에 실제보다 크게 그려진 서장대가 있는데 주위에 도열해 있는 수많은 군사의 모습이 긴장감을 자아낸다. 서장대 아래쪽엔 행궁과 민가들이 있고 가운데 좌우로 각각 팔달문(남문)과 장안문(북문)이 보이며 장안문에서 왼쪽 아래로는 화홍문과 방화수류 정이, 맨 아래에는 동문에 해당하는 창룡문이 있다.

왕은 막차에서 군복을 벗고 참포(注袍, 연한 청흑색 옷)로 갈아입고, 오서대(烏犀帶, 검은 물소 가죽으로 만든 띠)를 두른 다음, 여(輿)를 타고 원상(園上)으로 올라갔다. 혜경궁은 특별히 제작한 유옥교(有屋轎)로 불리는 지붕이 있는 작은 여를 타고 올라갔으며 두 군주(郡主)도 뒤를 따랐다.

혜경궁이 장내(帳內)로 들어가자 비통함이 절도를 넘어서서 울음소리가 장 밖에까지 들려왔다. 28세에 뒤주에 갇혀 비참한 최후를 마친 남편이 자기와 동갑이면서도 회갑을 보지 못하고 묻혀 있으니 어찌 비통하지 않으랴. 왕은 정리소에 명하여 삼령차를 갖다드렸으나 혜경궁은 이를 물리쳤다. 왕 또한 몹시 조급하고 당황해하는 기색이 역력했다. 정리사들은 장 밖에서 상주(上奏)하기를 "전하께서 슬픈 감회를 억누르기 어려울 것이오나 자궁의 마음을 더욱 비통하게 하여 혹시라도 자궁께서 병환이라도 나시면 어찌하려고 하옵니까. 더욱이 시간도 이미 많이 지났으니 바라옵건대 자궁을 위로해주시고 행궁으로 돌아가도록 명을 내려주십시오."라고 간청했다. 왕은 "십분 자제하시겠다고 말씀하셨는데 여기에 오시더니 비창한 마음이 저절로 폭발하신 것이다. 나 또한 그러한데 자궁의 마음이야 어떠하시겠느냐."고 했다. 잠시 후 왕은 귀환길에 올랐다. 홍살문 밖에 이르자 여를 멈추고 한참 동안 원상(園上)을 바라보다가 다시 돌아갈 것을 명했다.

다섯째 날(윤2월 13일)

성대한 환갑잔치가 열리다 - 봉수당

이날은 이번 행차의 하이라이트인 진찬례(進饌禮), 즉 자궁인 혜경궁 홍씨의 회갑 잔치가 벌어지는 날이다. 그동안의 행사가 화성의 선비와 무인들을 다독거리는 행사였다면 오늘은 왕실을 위한 행사였다.

잔치는 진정(辰正) 3각(오전 8시 45분경)에 봉수당(奉壽堂)에서 거행되었다. 혜경궁의 자리는 행궁 내전(內殿)의 북벽에 남쪽을 향해 놓였다. 왕의 자리는 어머니의 동쪽에 배치되었다. 혜경궁이 앉을 자리에는 연꽃무늬 방석이 깔리고, 그 뒤에 십장생 병풍이 둘러쳐졌다. 왕의 자리에는 표피 방석이 깔리고, 뒤에는 진채병풍(眞彩屛風)이 놓였다.

혜경궁은 마침내 예복을 갖추고 여관(女官)의 안내를 받으면서 자리에 앉고 왕은 융복을 입고 절하는 자리로 갔다. 혜경궁과 왕이 등장할 때 여민락(與民樂)이 연주되고 자리에 앉자 노연(爐烟, 향불)이 피어오르고 음악이 멈추었다. 다음에는 자궁에게 휘건(揮巾, 일종의 냅킨)을 바치는 의식이 이어졌다. 정리사가 장 밖에서 휘건을 가지고 와서 내시로 하여금

상궁에게 전하자 상궁이 무릎을 꿇고 자궁 저하 자리 앞에 놓았다. 이때도 여민락이 연주되었다. 이어 찬안(饌案, 음식상)과 꽃을 올리는 의식이 진행되었다. 이때 왕 이하 모든 참가자가 부복(俯伏, 고개를 숙이고 엎드림)했다가 일어났다.

그다음은 술잔을 올리는 의식이 이어졌다. 왕이 술잔을 올리고 치사(致詞)를 드리자 혜경궁은 "전하와 더불어 경사를 함께한다."라는 선지(宣旨, 임금의 명(命)을 널리 선포함)를 내리고 술을 마셨다. 왕은 절하는 자리로 가서 세 번 고두(叩頭, 머리를 숙여 경의를 표함)한 다음 '천세(千歲)', '천세', '천천세(千千歲)'를 불렀다. 모든 참가자들이 따라 했고 왕은 자기 자리로 돌아갔다. 혜경궁에 대한 예가 끝난 후 왕에게도 휘건과 찬안과 꽃이 전달되었다. 이어 참가자들에게도 음식상과 꽃이 전달되었고 춤(呈才)과 음악이 연출되었다. 그다음에 찬안(饌案)들이 치워지고 왕과 참가자들이 다시 배위(拜位)로 가서 자궁에게 재배한 다음 자리를 떠났다. 자궁은

〈정조대왕 능행도〉 8폭 병풍 중 〈봉수당진찬도(奉壽堂進饌圖)〉

행차의 다섯째 날인 윤2월 13일, 정조가 봉수당에서 혜경궁의 회갑을 기념하여 진찬례를 올리는 장면이다. 그림 맨 위쪽이 봉수당, 가운데가 중양문(中陽門), 맨 아래 지붕만 보이는 것은 좌익문(左翊門)이다. 봉수당 앞 오른쪽엔 정조의 자리가 마련되어 있고 앞뜰엔 혜경궁의 친척들인 의빈과 척신들이, 중양문 밖에는 문무백관들이 앉아 있다. 화면 가운데에 여령들이 무고(舞鼓)와 선유락(船遊樂)을 추고 있는데 이는 서로 다른 장면이 함께 그려진 것이다. 봉수당의 섬돌에 놓인 헌선도를 비롯 앞뜰에 놓인 화려한 소품들이 궁중 연회의 호사스러움과 품격을 한껏 나타낸다.

《원행을묘정리의궤》 중 〈봉수당진찬도(奉壽堂進饌圖)〉

왼쪽 위 ▼표시 부분 아래쪽에 정조의 자리와 상궁들의 모습이 보인다. 혜경궁의 자리는 봉수당 안쪽에 있으므로 보이지 않는다. 악공과 여령은 헌선도 정재를 연주하고 있다.

합내(閤內)로 돌아왔다.

왕은 잔치가 끝난 뒤 총리대신과 정리소의 당상과 낭청들을 모두 들어오게 한 후 영의정 홍낙성 등에게 말했다.

"내가 소자(小子)로서 몇 년간을 기축(企祝)한 것이 바로 오늘의 진작(進爵)인데 날씨도 청화(淸和)하고 어머님의 건강도 상녕하시니 기쁘고 경사스러운 마음을 어찌 다 말할 수 있겠는가."

그러면서 백관들에게 음식을 베풀고 꽃을 나누어주도록 명했다. 또 승지와 사관 그리고 각신들을 들어오게 한 다음 행좌승지 이만수에게 〈어제시〉를 써서 주고 연회에 참여한 신하들이 화답하는 시를 쓰도록 명했다. 그러고 나서 정리소의 여러 신하에게 말했다.

"오늘의 의식은 실로 천년 만에 처음 있는 경사이다. 오는 갑자년에 는 자궁께서 칠순이 되신다. 그때도 현륭원에 참배하고 잔치하기를 오늘처럼 할 것이다. 오늘 사용한 반탁(盤卓)과 존작(尊爵)의 도구들을 화성부에 보관해 두었다가 10년 후에 경사가 거듭 돌아옴을 기다리게 하라."

여섯째 날(윤2월 14일)

쌀을 나누며 가난한 백성과 함께 기뻐하다 - 신풍루

이날은 서울을 떠난 지 엿새가 되고, 화성에서는 나흘째 행사가 벌어지는 날이다. 이날의 행사는 새벽에 신풍루에서 주민들에게 쌀을 나누어주고, 오전에 낙남헌에서 양로연을 열도록 되어 있었다. 말하자면 화성부 주민들에게 인정(仁政)을 베푸는 날인 것이다. 왕은 어머니 회갑의 기쁨을 화성부 주민들과 함께 갖기를 원했고, 또 자신의 인정(仁政)이 화성을 중심으로 전국 방방곡곡에 미치기를 기대했다.

화성 주민들에게 쌀을 나누어주는 행사는 미리 대상자를 선발하는 등 치밀하게 준비되어 있었다. 계획에 따르면 쌀을 받는 대상자는 화성부 사람으로 사민(四民, 539명)과 진민(賑民, 4813명)에 해당하는 사람들이었다. 사민이란 환과고독(鰥寡孤獨) 즉, 홀아비, 과부, 고아, 독자를 말하며 진민은 가난한 사람을 말한다. 요즘 말로 하자면 국가의 보호를 받아야 할 결손 가정이라고 할 수 있다.

그런데 이들을 모두 한곳에 모아놓고 쌀을 주는 것은 아니었다. 지역을 네 군데로 나누어서 성곽 내외의 도시 지역은

행궁의 정문인 신풍루에서 왕이 친림한 가운데 사미(賜米)하고, 주변 지역은 승지들을 산창(山倉)과 사창(社倉) 그리고 해창(海倉)으로 보내 왕을 대신하여 나누어주도록 했다. 당시 화성부의 인구 6만 가운데 10분의 1정도가 혜택을 받았으며 이때 나누어준 쌀은 모두 368가마였다.

새벽 묘초(卯初) 3각(5시 45분경) 삼취에 왕은 융복을 입고 말을 타고 신풍루에 가서 말에서 내려 2층 누각에 마련된 자리에 앉았다. 왕은 동부승지 이조원(李肇源)에게 "너는 내려가서 쌀을 배급하고 죽을 똑같이 나누어 먹이되 쌀과 죽이 자은(慈恩)의 뜻임을 여러 백성에게 널리 알리라."고 교를 내리고 다시 "선전관(宣傳官)은 죽 한 그릇을 가지고 오라. 내가 직접 죽이 어떤지를 보겠노라."고 했다. 혹시 냉죽을 먹이지 않을까 하는 염려에서였다.

왕은 다시 행좌승지 이만수(李晩秀)에게 "오늘 양로연을 베풀려고 하는 것은 노인을 존경하기 위함이니 여러 노인들이 오래도록 외반(外班)에서 기다리지 않도록 해야 한다. 나는 곧 낙남헌으로 갈 것이니 경은 이곳에 남아 사민(四民)이 와서 기다리면 일일이 죽을 먹일 것이며 혹시 뒤늦게 오는 자가 있더라도 냉죽을 먹이지 않도록 하라. 직접 챙겨서 소홀함이 없게 하라."고 일렀다. 이렇듯 백성을 사랑하는 마음이 지극했다.

노인들을 위해 잔치를 베풀다 - 낙남헌

양로연은 진시(辰時, 오전 7~9시)에 화성행궁 낙남헌에서 거행되었다. 어머니의 회갑 잔치를 위한 나들이인 만큼 현지 노인들을 위로할 필요가 있었다. 양로연에 초대받은 노인은 어가를 따라 한양에서 내려온 영의정 홍낙성을 비롯한 노인 관료 15명과 화성에 사는 노인 384명이었다.

왕은 진정(辰正) 1각(8시 15분경)에 삼엄(三嚴, 모든 의식의 준비를 완전히 끝냄)을 알리는 북이 울리자 융복을 입고 낙남헌에 나와 자리에 앉았다. 한양에서 내려온 노인 관료들은 모두 지팡이를 짚고 전(殿) 위로 올라갔다. 2품 이상은 영내(楹內, 기둥 안)로 들어가고, 3품 이하는 계단 위에 가 앉았다. 나머지 사서노인(士庶老人)들은 모두 자손들의 부축을 받으면서 들어와 계단 밑에 열을 지어 앉았다.

왕은 노란 비단 손수건을 나누어주어 지팡이 머리에 매게 하고 비단 한 단씩을 나누어준 다음 음식을 내오고 연례(宴禮)를 하라고 명했다. 금슬공(琴瑟工)이 먼저 천보(天保)를 연

〈정조대왕 능행도〉 8폭 병풍 중 〈낙남헌양로연도(洛南軒養老宴圖)〉
행차 여섯째 날인 윤2월 14일 오전, 정조가 낙남헌에서 영의정 홍낙성을 비롯한 노인 관료 및 현지 노인들에게 양로연을 베푸는 장면이다. 어좌 앞 마루에는 융복 차림의 대신과 관원들이 앉아 있고, 섬돌 앞뜰에는 왕이 내린 노란 비단 손수건을 지팡이 머리에 매고 앉아서 비단 한 단씩을 받는 사서노인들의 모습이 보인다. 담장 사이에는 여령과 악사들이 늘어서 있다.

주하고 다음에 관저(關雎)와 녹명(鹿鳴)을 차례로 연주했다. 왕은 동부승지 이조원(李肇源)에게 〈어제시〉를 써서 내려주고 홍낙성에게 명하여 낙남헌에 걸도록 했다. 그리고 연회에 참여한 여러 노인들이 화답하는 시를 쓰게 했다. 왕은 교를 내리기를 "화성부에서 살면서도 적(籍)이 없어서 양로연에 참여하지 못한 사람 몇 명을 화성유수로 하여금 장외(杖外)로 불러 모으게 하라. 또한 관광하는 사람 중에 노인이 있으면 멀고 가깝고, 많고 적음을 가리지 말고 술과 음식을 모두에게 대접하라."고 했다. 채제공은 "아름다운 깃발을 보고 멀리서 찾아온 노인들이 말할 수 없이 많습니다. 저 울타리처럼 둘러서 있는 사람들의 태반이 노인들입니다."고 했다. 왕은 "상서로운 일에는 사람이 많을수록 좋다. 어제 먹고 남은 음식을 나누어주어 자덕(慈德)을 만끽하도록 하라."고 일렀다.

드디어 구경꾼들을 열을 지어 앉게 하고, 윤행임으로 하여금 음식상 네 개를 갖다 놓게 했다. 그러고는 이것이 자은(慈恩)으로 내려주심을 설명하고 똑같이 나누어주었다. 참가자들은 모두 일어나 춤추면서 천세(千歲)를 외쳤다.

최첨단 성곽의 면모를 직접 확인하다 – 방화수류정

양로연을 마지막으로 이번 행차의 공식 행사는 거의 끝난 셈이었다. 문인, 무인, 결손가정, 가난한 사람, 노인 등 화성부의 각계각층 주민들을 골고루 다독거린 셈이다. 왕이 표방하는 성인(聖人)의 통치가 이로써 구체화된 것이다. 여기다 화성부 전 주민의 요역과 세금을 면제하는 등의 혜택이 또한 부여되었다.

이제는 왕 자신의 시간을 가질 때가 되었다. 왕은 자신이 설계한 화성의 성곽을 좀 더 자세히 살펴보고 싶었다. 성곽 건물 중에서 경관이 가장 빼어난 정자인 방화수류정(訪花隨柳亭)으로 갔다. 수원 성곽의 동북각루(東北角樓)로 깎아지른 암벽 위에 우뚝 서 있는 이 정자는 장안문(長安門) 및 화홍문(華虹門)과 인접하여 화성 동북 지방 방어의 요충지로 건설되었다. 하지만 평상시 이곳은 시정(詩情)을 자아내는 절경을 연출한다.

왼편으로는 화홍문(華虹門) 아래로 흐르는 유천(柳川)의 물소리가 아련하고 눈을 들어 앞을 보면 멀리 광교산(光敎山)의 우람한 자태가 한눈에 들어온다. 그런가 하면 바로 발아래에는 버드나무에 둘러싸인 용연(龍淵)의 물그림자가 거울처럼 맑다. 그야말로 물과 산이 어우러져 한껏 풍취를 돋우는 곳이 바로 방화수류정이다.

더욱이 이 정자는 평면이 만자형(卍字形)으로 설계되어 있고 지붕이 세 번 꺾이면서 중앙으로 모아져 첨탑 형식을 이루고 있어 독특한 건축 양식을 보여준다. 학문이 뛰어나고 파초 그림으로도 유명한 정조가 화성을 찾으면서 이곳을 외면할 리가 없다. 화홍문(華虹門)을 거쳐 방화수류정에 이르자 왕은 감회가 큰 듯 이렇게 말했다.

"우리나라 성곽 제도는 그동안 둥글게 담장을 치는 데 그쳤다. 그러나 이 화성의 성곽은 보수(步數)를 잘 분배하여 치첩(雉堞)을 설치했다. 치첩의 크기는 비록 수세 명의 사람이 들어설 수 있는 정도이지만, 성의 좌우를 살필 수 있어 방어하는 데 편리하다. 이래야 가히 성제(城制)라고 할 수 있는 것이다. 또 성곽의 경영과 위치도 조리(條理)가 있다. 하지만 장용외사가 성심으로 일하지 않았다면 어찌 이와 같이 될 수 있었겠는가. 어제 가졌던 성조(城操)로 말하더라도 화성부의 군대는 평소 조련하지도 않았지만, 성정군(城丁軍)이 횃불을 올리고 화포를 쏘는 것이나 친군위 군인들이 좌작진퇴(坐作進退, 앉고 서기·전진과 후퇴)하는 것이 모두 훌륭했다. 이는 좋은 장수를 만난 때문이니 내 마음이 매우 기쁘다."

활을 쏘며 문무겸주의 군주상을 보이다 - 득중정

이날 신시(申時, 오후 3~5시)에 왕은 낙남헌 바로 뒤에 있는 득중정(得中亭)으로 갔다. 수행한 신하들과 함께 활쏘기를 하기 위해서다. 정조는 무예도 뛰어났지만, 그에게 활쏘기는 단순한 무예가 아니었다. 그것은 정신을 집중시키는 수양 방법이기도 했다. 득중정은 그 자체로 활쏘기를 염두에 둔 건물이기도 했다.

유엽전(柳葉箭, 살촉이 버들잎처럼 생긴 화살)으로 터과녁에 여섯 순 서른 대를 쏘아 24중 28푼, 솔포에 손바닥만한 가죽 장혁(掌革)을 붙여 한 순 3중에 4푼, 관과 변의 구별이 없는 작은 베 과녁에 다섯 순 24중을 했다. 신하들이 혹시 일부러 양보했을지도 모르지만, 왕의 활 솜씨가 뛰어난 것만은 사실이었다.

왕은 "활쏘기는 비록 육예(六藝, 중국 주나라 때 교육 과목으로 예절, 음악, 활쏘기, 말타기, 서예, 수학을 말함) 중 하나라고 하지만 역시 기(技)에 가깝다. 그래서 포기하고 연습하지 않은 지 이미 4년이 지났다. 오늘의 명중은 우연일 뿐이다."라면서 겸손함을 보였다. 왕은 나이가 많은 신하인 홍낙성을 보고 "경은 팔순의 원로로서 소포를 세 개나 맞춘 것은 매우 드문 일이다."라면서 격려했다.

왕은 신하들에게 저녁을 대접했다. 저녁식사를 마치고

해가 지자, 왕은 야간 활쏘기를 준비하라고 명했다. 작은 표적을 설치하고 횃불 두 개를 표적의 좌우에 설치하게 했다. 왕은 두 순을 쏘아 다섯 개를 맞추었다. 활쏘기가 끝난 뒤, 득중정에서 매화포(埋火砲, 땅에 묻은 화약)를 터뜨렸다. 그 장면은 지금 남아 있는 능행도 병풍에도 보인다.

득중정에서의 활쏘기를 끝으로 화성에서의 행사는 모두 끝났다. 이제 이 밤이 지나면 다음 날 아침은 귀경길에 오르게 된다. 이번 행차에서 왕은 참으로 많은 일을 했고, 많은 모습을 신하와 백성들에게 보여주었다. 하지만 영명한 지혜와 불굴의 추진력과 지칠 줄 모르는 정력을 지닌 그가 5년 뒤에 세상을 떠나게 되리라고 누가 상상할 수 있었을까.

〈정조대왕 능행도〉 8폭 병풍 중 〈득중정어사도(得中亭御射圖)〉

행차의 여섯째 날인 윤2월 14일 오후, 정조가 득중정에서 신하들과 함께 활쏘기를 한 다음 혜경궁을 모시고 오늘날의 폭죽 같은 매회포(埋火砲) 터뜨리는 것을 구경하는 장면이다. 그림 맨 위쪽에는 득중정과 혜경궁의 가마가 있으며, 약간 아래 왼쪽 건물은 낙남헌으로 정조가 친림(親臨)해 있는 모습이 상징적으로 그려져 있다. 《원행을묘정리의궤》의 〈득중정어사도〉에도 이와 거의 유사한 장면에 활쏘기하는 모습이 나타나 있다. 맨 아래 왼쪽에 보이는 것은 화성의 북문인 장안문으로 실제의 위치와는 전혀 동떨어져 있지만 현장의 공간감을 더욱 확대시키는 효과를 준다.

일곱째 날(윤2월 15일)

귀경길에 오르다 - 화성을 떠나 시흥으로

한양으로 돌아가는 길은 내려올 때 여정과 같았다. 사근평참에서 점심을 들고 시흥행궁에서 밤을 지내는 것이 이날의 행사였다. 아침 진시(辰時, 오전 7~9시)에 왕은 행궁에 나와서 교를 내렸다.

"광주, 시흥, 과천 등 읍에서는 척후복병(斥候伏兵)이 여러 날 대기하고 있어서 걱정된다. 가마가 지나간 뒤에는 차례로 척후복병을 철수시킬 것을 수어청과 총융청 양사에게 신전(信箭, 통신 화살)으로 전하라."

〈정조대왕 능행도〉 8폭 병풍 중 〈시흥환어행렬도(始興還御行列圖)〉
행차의 일곱째 날인 윤2월 15일 화성행궁을 출발한 행렬이 막 시흥행궁 앞에 다다른 모습이다. 왼편 아래쪽엔 병사들의 삼엄한 호위에 둘러싸인 시흥행궁이 위용을 과시하고 있고, 가운데 약간 윗부분에 푸른 휘장에 가려진 혜경궁의 가마가 보인다.
행렬이 잠시 멈춘 가운데 정조가 친히 미음과 다반(茶盤)을 올리는 장면으로 행렬의 바깥쪽엔 수라를 실은 수레와 음식을 준비하는 막차(幕次)도 보인다. 기수대 앞에는 거대한 용기(龍旗)와, 비어 있는 정조의 가마가 있다. 한편, 자유분방한 모습의 민인(民人)들 사이사이에 보이는 엿장수, 떡 장수의 모습도 퍽 인상적이다.
민인들의 모습은 200여 년의 시간을 뛰어넘어 우리들 곁에 가까이 다가와 있는 친근하고 수더분한 이웃들 같기도 하다. 〈능행도〉 가운데 단연 '보는 재미'가 풍부한 그림으로 손꼽힌다.

이어 행차는 미륵현(彌勒峴, 지지대고개)에 도착했다. 오늘날 수원시와 의왕시의 경계선에 해당하는 이 고개는 당시로는 꽤 높았다. 이 고개를 넘으면 화성은 물론 현륭원이 보이지 않는다. 왕은 여기서 신하에게 명령했다.

"이 미륵고개에 오면 떠나기 싫어 거둥을 멈추고 한참 동안 남쪽을 바라보게 된다. 나도 모르게 말에서 방황한다. 이번에 고개 위를 보니 둥글게 생긴 돌 자리가 있다. 그 자리를 '지지(遲遲)'라고 이름 지으라. 그리고 앞으로는 미륵현 밑에 '지지대'라는 세 글자를 넣어 표석을 세우라."

그래서 이때부터 이 고개를 '지지대(遲遲臺)고개'로 불렀고, 지금도 이곳에는 그 유래를 적은 비각(碑閣)이 서 있다.

점심 무렵에 거둥은 사근평행궁(肆覲坪行宮)에 도착했다. 왕은 자궁보다 먼저 이곳의 막차(幕次)에 도착하여 각무차사원(差使員)과 광주부윤 서미수(徐美修), 시흥현령 홍경후(洪景厚), 과천현감 김이유(金履裕)를 입시케 하고 읍폐(邑弊)와 백성의 고통스런 일을 물었다. 백성들이 고충이 무엇인가를 현지 수령과 암행한 신하들을 통해 알아보기 위함이었다.

조금 뒤에 혜경궁 가마가 도착하자 내차(內次)로 맞아들이고 오선(午膳, 점심)을 올렸다. 점심을 마치고 거둥은 다시 시작되었다. 왕은 역시 말을 탔다. 안양교(安養橋) 앞에 이르자 잠시 휴식을 취하고 자궁에게 미음다반을 드렸다. 행렬은 대박산(大博山) 앞 벌판을 지나 저녁 무렵 시흥행궁에 도착했다. 왕은 먼저 행궁에 도착하여 시설을 점검한 뒤에 혜경궁을 내차로 맞이하고 석선(夕膳, 저녁)을 올렸다. 음식의 종류는 화성으로 갈 때와 큰 차이가 없었다.

여덟째 날(윤2월 16일)

백성들을 가마 앞으로 불러 직접 대화를 나누다 - 시흥

이날은 아침에 시흥행궁을 떠나 노량 용양봉저정에서 점심을 들고 한강의 배다리를 건너서 저녁에 창덕궁으로 돌아오도록 예정되어 있었다. 왕은 궁으로 돌아가기에 앞서 백성들을 직접 만나 민생의 질고(疾苦)를 듣고 싶었다. 그리고 백성들에게 무언가 선물을 주고 가야 한다고 생각했다. 아침 묘시(卯時, 오전 5~7시)에 왕은 행궁에 나와서 교를 내렸다.

"지방관은 자기 경내의 부로(父老)와 민인(民人)들을 데리고 연로(輦路, 임금이 거둥하는 길)의 넓은 곳으로 나와 대기하고 있으라."

민인들의 여론을 직접 들을 기회를 갖기 위함이었다. 묘정 삼각(卯正三刻, 6시 45분경) 삼취에 왕은 군복을 입고 말을 타고 떠났다. 행렬이 문성동(文星洞) 앞길에 이르자 시흥현령 홍경후(洪景厚)가 민인(民人)들을 데리고 길 옆에서 어가를 맞이했다. 왕은 잠시 쉬면서 말했다.

"보통 어가가 지나는 곳에서는 반드시 시혜를 베푼다. 더욱이 오늘은 자궁을 모시고 두 번째로 시흥행궁에서 밤을 보냈다. 모든 것이 만안(萬安)한 가운데 돌아오니 경행이 아닐 수 없다. 어찌 백성들에게 인색할 것인가. 반드시 요역을 견감해주고, 폐막(弊瘼)을 제거하고, 자은(慈恩)을 널리 펴서 백성들의 소망에 부응할 것이다. 너희들은 말하고 싶은 것이 있으면 숨기지 말고 말하라."

왕의 요구를 받아 민인들이 입을 열었다.

"다행히 성스럽고 밝은 세상을 만나 입는 것, 먹는 것 하나하나가 임금의 은혜가 아닌 것이 없습니다. 별다르게 천청(天聽, 임금의 귀)을 번거롭게 할 만한 질고가 없습니다."

그러나 왕은 그 말을 그대로 믿으려 하지 않았다. 왕은 다시 다그쳤다.

"그런 말은 너희들의 외면인사(外面人事)이다. 너희들은 모두 나의 적자(赤子, 임금이 백성을 일컬어 어린아이라 함)로서 은택이 아래로 미치지 못함을 늘 안타까워하고 있다. 더욱이 구중(九重) 깊은 곳에 있어 부옥(駝屋, 일반 민간)의 질고를 자세히 알지 못한다. 그래서 지척의 가마 앞으로 그대들을 불러서 하고 싶은 말을 하게 하는 것이다. 듣고 싶어도 들을 수 없는 여러 폐단을 직접 들어서 여러 백성이 행차를 바라보는 그 뜻에 보답하려 한다. 말할 수 있는 기회를 만났는데도 무엇이 두려워서 말하지 않는가."

행우승지 이익운(李益運)이 왕의 말씀을 여러 백성에게 두루 알리고, 여론을 듣고 난 다음 왕에게 아뢰었다.

"민인들은 실제 절실하게 고통스러운 폐막이 없습니다. 다만 호역(戶役)에 두 번이나 징발되어 폐단이 없지 않았다고 합니다."

왕은 비변사 당상 이시수(李時秀)에게 명하여 왕의 뜻을 민인에게 널리 알리게 했다.

"다른 때는 비상한 은택을 두루 펴기가 어렵겠지만, 금년에는 어찌 특별한 배려가 없겠는가. 지난해 가을의 환곡은 정퇴(停退, 연기)한다고 이미 영을 내렸지만, 이를 모두 탕감할 것이다. 호역(戶役)은 비변사가 방백(方伯) 및 수령과 의논하여 폐단을 줄이고 일을 줄이는 방법을 강구하게 할 것이다. 또

해마다 정월에 임금이 행차할 때마다 민인이 연로(輦路)의 눈을 치우고, 길을 닦는 수고로움이 적지 않다. 그래서 금년부터는 원행 일자를 봄과 가을의 농극(農隙, 농한기)으로 정했다. 이 또한 백성을 위한 고심에서 나왔다. 앞으로 행차가 지날 때마다 민정(民情)을 자세히 채집할 것이다. 폐단을 시정할 일이 있는지를 너희들은 잘 알고 있으라."

백성들은 왕의 말을 듣고 모두 송축(頌祝)하면서 물러났다. 그런데 이때 한 사람이 먹을 것을 달라고 했다. 왕은 이익운에게 명하여 그의 나이를 물었다. 그는 61세라고 했다. 왕이 말하기를 "비록 그 사람의 행동이 외람스럽고 예의 없기는 하지만, 이미 나이를 물었으니 어찌 그냥 돌아가라고 할 수 있겠는가. 그의 소원대로 몇 말의 쌀을 주라."고 했다.

만인의 노고를 치하하며 돌아오다 - 노량 용양봉저정
문성동(文星洞)에서 휴식을 마치고 행차는 다시 길을 떠났다. 번대방평(蕃大坊坪, 지금의 대방동)에 이르러 휴식을 취한 왕은 미음다반을 자궁에게 바쳤다. 곧 어가는 만안현(萬安峴, 지금의 상도동 고개)을 거쳐서 노량행궁에 도착했다. 왕은 혜경궁을 용양봉저정으로 맞아들이고 점심을 올렸다.

왕은 한강의 배다리를 관리한 주교도청(舟橋都廳) 이홍

운(李鴻運)을 불러 혜경궁이 하사한 금단 1필을 사급하고, 배다리를 건설한 사격(沙格, 뱃사공)에게도 차등을 두어 상을 내렸다. 또 노량별장(鷺梁別將)에게도 찬탁(음식)을 하사했다. 왕은 여러 신하에게 교를 내렸다.

"8일간의 행행으로 노동(수고로움)이 많았다. 자궁의 체도(體度)가 일향으로 강녕하시니 지금 돌아오면서 기쁨을 가눌 수 없다."

정리사 심이지 등이 말했다.

"초 10일(화성행궁에 도착하던 날)의 비는 불과 반나절이었고, 14일의 비는 또 잔치 뒤였습니다. 출궁할 때와 환궁할 때의 날씨는 모두 맑고 화창합니다. 역시 하늘도 기뻐하시는 것을 알 수 있습니다."

왕이 말하기를 "원자(元子)는 내가 출궁한 날부터 매일 두 차례씩 편지를 보내 문안을 올리고 있다. 오늘도 편지가 왔다. 경들은 이것을 보시오."라면서 원자의 편지 두 장을 보여주었다. 그 하나는 "봉수당진찬 낙남헌양로 산호산호 재산호 천세천세 삼천세(奉壽堂進饌 洛南軒養老 山呼山呼 再山呼 千歲千

歲 三千歲)."라고 쓴 것이고 다른 하나는 "금일배알 복희 복희(今日拜謁 伏喜伏喜)."라고 쓴 것이었다.

앞의 글은 할머니의 회갑과 양로연을 축하하는 말이고 뒤의 것은 오늘 아바마마를 뵙게 되니 기쁘기 한량없다는 뜻이다. 여러 신하는 거듭 읽어보고 일어나서 축하를 올렸다.

"원자의 글은 실로 우리 동방의 무강의 복입니다."

이 원자(元子)가 정조의 뒤를 이어 임금이 된 수빈박씨(綏嬪朴氏) 소생의 순조(純祖)다. 이때 원자의 나이 6세였고, 5년 뒤에 정조가 타계하자 왕위에 올랐다. 정조는 원래 의빈성씨(宜嬪成氏) 소생의 문효세자(文孝世子)로 하여금 대통을 잇도록 할 예정이었으나 그가 일찍 죽는 바람에 원자를 새로 정했다.

왕은 한강 배다리 건설의 총책임자인 주교당상(舟橋堂上) 서용보(徐龍輔)를 불러 "내일 다리를 철파하고 배들을 내려보내 선인(船人)들이 늦지 않게 하라."고 명했다. 배다리는 왕의 명령대로 다음날, 즉 윤2월 17일에 해체되었다. 다리를 놓은 지 23일 만이다.

왕은 다시 말을 타고 드디어 한강의 배다리를 건너 한양으로 입성했다. 숭례문을 통과하여 돈화문, 진선문, 숙장문,

건양문, 동룡문, 경화문, 집례문, 숭지문, 보정문, 만팔문, 천오문, 영춘문을 거쳐 창경궁 내전으로 돌아왔다. 8일간의 장엄한 화성행차가 드디어 막을 내렸다.

〈정조대왕 능행도〉 8폭 병풍 중 〈노량주교도섭도(鷺梁舟橋渡涉圖)〉의 위쪽 일부분

행차의 마지막 날인 윤2월 16일, 노량진의 주교를 건너며 서울로 환궁하는 행렬 장면을 용산 쪽에서 바라보고 묘사한 것이다. 주교 가운데의 홍살문을 혜경궁 가마가 지나고 있으며, 그 뒤에 정조의 좌마(座馬)가, 강 건너편에 보이는 용양봉저정 행궁 앞에는 두 군주의 가마가 보인다. 화려하고도 장엄한 행차의 모습도 인상적이지만, 구경 나온 사람들의 다양한 모습 또한 생생한 현장감을 더해준다.

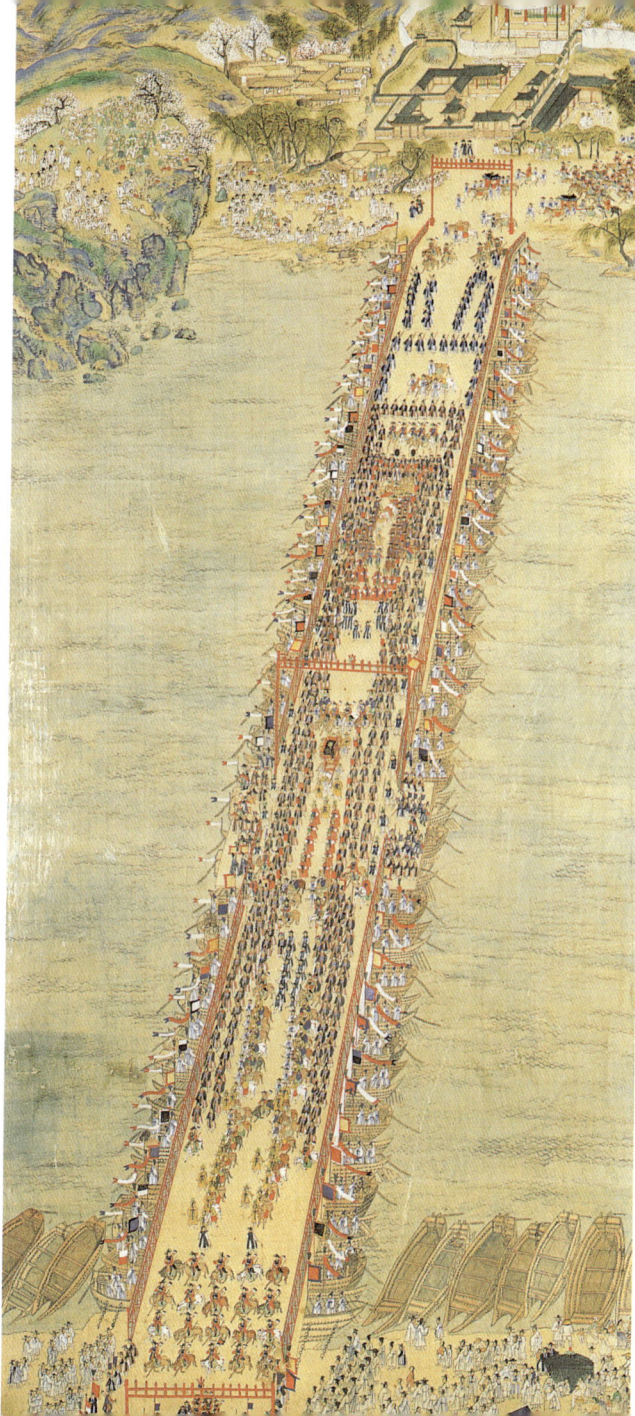

나오며

6월 18일의 잔치로 혜경궁과 연관된 행사는 모두 끝났다. 정조는 이로써 신민을 단합시키는 계기를 마련하고, 더 큰 목표를 향하여 개혁 정치를 다그쳐 나갔다. 왕은 이듬해(1796) 1월에 현륭원을 다시 참배하고, 10월에는 화성 건설을 완료하였으며, 그다음 해(1797)부터는 1월과 8월 현륭원을 방문하는 것이 관행이 되었다. 화성의 수리 시설 건설은 후에도 계속되어 1798년 2~4월에 내하전을 투자하여 만년제(萬年堤)를 현륭원 입구에 축조하고, 1799년에는 지금의 서호(西湖)인 축만제(祝萬堤)와 서둔(西屯)을 완성했다. 이로써 화성은 더욱 안정된 재정 기반을 갖춘 자급 도시로 성장해 갔다.

그러나 왕성한 정력을 과시하던 정조는 1800년 6월 28일 49세를 일기로 갑자기 타계했다. 고질적인 피부병이 사인이었다. 뒤를 이어 세자인 순조가 왕위에 올랐다. 정조의 죽음을 둘러싸고 많은 억측이 나돌고 있는데 그의 독주에 가까운 개혁 정치가 반대 세력에게는 적지 않은 부담을 준 것이 사실이다. 특히 신권 정치를 주장하던 노론 벽파에게는 정조의 통치 스타일은 거의 국가를 사적(私的)으로 운영한다는 인상을 주었다. 그만큼 왕이 서울의 귀족들을 억누르고 민국을 세우려는 이상은 확고한 제도 장치로 정착되지 못한 한계를

지니고 있다.

어쨌든 정조의 죽음과 더불어 각계각층의 백성을 끌어안았던 개혁은 종말을 고하고, 정조가 견제했던 서울 귀족 양반들의 연합 정권인 세도 정권이 19세기 정치를 이끌게 되었다. 세도 정권의 주역들은 학벌이 높고 세련된 감각을 가지기는 했으나 지방 백성들을 끌어안을 만한 지도력과 포용력이 없었다. 그래서 19세기는 서울과 지방이 극단으로 대립하는 비극의 역사가 시작된 것이다.

정조를 다시 주목한 왕은 80여 년의 세월이 지난 19세기 후반기의 고종이었다. 고종은 규장각을 다시 근시(近侍)기구로 키워서 강력한 왕권을 바탕으로 주체적 근대화를 추진하려고 하였다. 그러나 서양식 국가를 세우려는 급진개화파의 반발로 고종의 개혁은 실패로 돌아갔다.

정조의 꿈은 바로 우리 것을 바탕으로 선진 외래 문명을 수용해 주체적인 근대 국가를 만들려는 것이었다. 말하자면 법고창신(法古創新)의 정신이다. 그 꿈이 비록 절반 성공, 절반 실패로 돌아갔지만, 정조의 후예인 우리는 다시 한번 그의 꿈을 눈여겨보아야 한다.

우리 역사는 300년을 주기로 르네상스를 경험했다. 15세기 세종의 시대, 18세기 정조의 시대가 조상의 몫이었다면 21세기의 르네상스는 바로 우리 세대의 몫이 아니겠는가.

추천의 글

20년 전 편집자로 만났을 때나 지금이나 이 책은 하나의 역사 소설처럼 생생한 이야기들을 품고 있다. 1킬로미터에 달하는 아름답고 장엄한 행렬을 따르며 나는 비극적으로 아버지를 잃었다는 자기 연민에서 벗어나 조선의 르네상스를 열어젖힌 정조 임금의 모습을, 아들의 따뜻한 인사를 받으며 고개 고개를 넘는 어머니 혜경궁 홍씨의 자애로운 표정을, 그리고 김홍도를 비롯한 조선 최고의 화가들이 빚어낸 각양각색의 이들을 만난다. 그렇게 단 8일간의 기록은 시공간을 뛰어넘어 영원히 기억될 '조선의 얼굴'이 된다.

김금희, 소설가

가장 아름다운 한국의 그림들 01

〈반차도〉로 따라가는
정조의 화성 행차

Following King Jeongjo's Royal Procession
to Hwaseong through the <Banchado>

1판 1쇄 인쇄 | 2007년 4월 25일
2판 1쇄 발행 | 2025년 11월 25일

지은이	한영우
펴낸이	송영만
책임편집	송형근
디자인	오정원
펴낸곳	효형출판
출판등록	1994년 9월 16일 제406-2003-031호
주소	10881 경기도 파주시 회동길 125-11
전자우편	editor@hyohyung.co.kr
홈페이지	www.hyohyung.co.kr
전화	031 955 7600

ⓒ 한영우

ISBN 978-89-5872-246-5(03910)
이 책에 실린 글과 사진은 효형출판의 허락 없이 옮겨 쓸 수 없습니다.

값 19,000원